Gestão de vendas
e política comercial

COLEÇÃO PRÁTICAS DE GESTÃO

Série
Gestão comercial

Gestão de vendas e política comercial

Marcelo Nascimento Boechat

FGV | EBAPE EDITORA

Copyright © 2015 Marcelo Nascimento Boechat

Direitos desta edição reservados à
Editora FGV
Rua Jornalista Orlando Dantas, 37
22231-010 | Rio de Janeiro, RJ | Brasil
Tels.: 0800-021-7777 | 21-3799-4427
Fax: 21-3799-4430
editora@fgv.br | pedidoseditora@fgv.br
www.fgv.br/editora

Impresso no Brasil | *Printed in Brazil*

Todos os direitos reservados. A reprodução não autorizada desta publicação, no todo ou em parte, constitui violação do copyright (Lei nº 9.610/98).

Os conceitos emitidos neste livro são de inteira responsabilidade do(s) autor(es).

Preparação de originais: Sandra Frank
Projeto gráfico: Flavio Peralta / Estudio O.L.M.
Diagramação: Ilustrarte Design e Produção Editorial
Revisão: Déborah Vasconcelos e Frederico Hartje
Capa: aspecto:design
Imagem da capa: © Typhoonski – Dreamstime.com

Ficha catalográfica elaborada pela
Biblioteca Mario Henrique Simonsen/FGV

> Boechat, Marcelo Nascimento
>   Gestão de vendas e política comercial / Marcelo Nascimento Boechat. - Rio de Janeiro : Editora FGV, 2015.
>   112 p.
>
>   Inclui bibliografia.
>   ISBN: 978-85-225-1527-1
>
>   1. Vendas - Administração. 2. Marketing. 3. Comércio eletrônico. I. Fundação Getulio Vargas. II. Título.
>
>   CDD – 658.5

Sumário

Apresentação 7

Capítulo 1. Elementos essenciais da política comercial 9
    Conceitos e fundamentos da administração de vendas 9
    Relação entre marketing e vendas 15
    Visão contemporânea de vendas e do vendedor 21
    Formulação da política comercial 24
    Comportamento do consumidor 32

Capítulo 2. Papel estratégico de vendas 35
    Processo de venda 35
    Relacionamento baseado em valor para o cliente 42
    Produto 45
    Estratégia e função de vendas 51
    Vendas e distribuição 54

Capítulo 3. Administração da força de vendas 59
    Tipo de trabalho e equipe de vendas 59
    Contratação da equipe 62
    Remuneração da força de vendas 68
    Técnicas de vendas 74
    Controle, análise e avaliação dos resultados 79

Capítulo 4. Futuro da venda 85
    A venda na era digital 85
    E-commerce 95
    Vantagens oferecidas pelo comércio eletrônico 95
    Vendas e marketing de relacionamento 99
    Marketing viral 105

Referências 109

Sobre o autor 111

Apresentação

A Fundação Getulio Vargas (FGV) foi fundada em 1944 com o objetivo de contribuir para o desenvolvimento do Brasil, por meio da criação e da difusão de técnicas e ferramentas de gestão. Em sintonia com esse objetivo, em 1952 a FGV, comprometida com a mudança nos padrões administrativos do setor público, criou a Escola Brasileira de Administração Pública (Ebap). Em seus mais de 60 anos de atuação, a Ebap desenvolveu competências também na área de administração de empresas, o que fez com que seu nome mudasse para Escola Brasileira de Administração Pública e de Empresas (Ebape).

A partir de 1990, a FGV se especializou na educação continuada de executivos, consolidando-se como líder no mercado de formação gerencial no país, tanto em termos de qualidade quanto em abrangência geográfica dos serviços prestados. Ao se fazer presente em mais de 100 cidades no Brasil, por meio do Instituto de Desenvolvimento Educacional (IDE), a FGV se tornou um relevante canal de difusão de conhecimentos, com papel marcante no desenvolvimento nacional.

Nesse contexto, a Ebape, centro de excelência na produção de conhecimentos na área de administração, em parceria com o programa de educação a distância da FGV (FGV Online) tem possibilitado que o conhecimento chegue aos mais distantes lugares, atendendo à sociedade, a executivos e a empreendedores, assim como a universidades corporativas, com projetos que envolvem diversas soluções de educação para essa modalidade de ensino, de *e-learning* à TV via satélite.

A Ebape, em 2007, inovou mais uma vez ao ofertar o primeiro curso de graduação a distância da FGV, o Curso Superior em Tecnologia em Processos Gerenciais, o qual, em 2011, obteve o selo CEL (teChnology-Enhanced Learning Accreditation) da European Foundation for Management Development (EFMD), certificação internacional baseada em uma série de indicadores de qualidade. Hoje, esse é o único curso de graduação a distância no mundo a ter sido certificado pela EFMD-CEL. Em 2012, o portfólio de cursos Superiores de Tecnologia a distância diplomados pela Ebape aumentou significativamente, incluindo áreas como gestão comercial, gestão financeira, gestão pública e marketing.

Cientes da relevância dos materiais e dos recursos multimídia para esses cursos, a Ebape e o FGV Online desenvolveram os livros que compõem a Coleção Práticas de Gestão com o objetivo de oferecer ao estudante – e a outros possíveis leitores – conteúdos de qualidade na área de administração. A coleção foi elaborada com a consciência de que seus volumes ajudarão o leitor a responder, com mais segurança, às mudanças tecnológicas e sociais de nosso tempo, bem como às suas necessidades e expectativas profissionais.

Flavio Carvalho de Vasconcelos
FGV/Ebape
Diretor

www.fgv.br/ebape

Capítulo 1

Elementos essenciais da política comercial

> O melhor executivo é aquele que tem bastante discernimento para escolher pessoas que façam o que ele quer que seja feito e suficiente autocontrole para não interferir enquanto elas o estão realizando.
>
> Theodore Roosevelt

Neste capítulo, serão apresentados os conceitos básicos da área de vendas e política comercial das organizações, bem como sua inter-relação com a área de marketing. Será analisado ainda um panorama sobre o contexto atual da globalização e as mudanças na era da informação.

Discutiremos a importância da segmentação, do posicionamento e do ciclo de vida dos produtos no desenvolvimento do planejamento de vendas e apresentaremos os territórios e os tipos de clientes que serão priorizados.

Por fim, será explorado o comportamento do consumidor, pois é fundamental compreendê-lo para atender plenamente às suas expectativas e gerar resultados significativos em vendas.

Conceitos e fundamentos da administração de vendas

Era da informação

Nos últimos 150 anos, houve grandes transformações na sociedade. Entretanto, para entender tudo o que aconteceu até chegarmos aos dias de hoje, é necessário resgatar um pouco de história e considerar que a grande mudança no mundo dos negócios ocorreu a partir do século XVIII, com a transição da era agrícola para a era industrial.

A Revolução Industrial contribuiu para a substituição das oficinas artesanais pelas fábricas e transferiu o centro dos negócios da agricultura para a indústria. No século XX, a administração atravessou três etapas distintas: a *era industrial clássica* (até 1950), *a era industrial neoclássica* (entre 1950 e 1990) e *a era da informação* (após 1990).

A preocupação com os excedentes de produção decorrentes da Revolução Industrial acelerou a busca dos conceitos de marketing para identificar mercados e a forma de atingi-los, a fim de facilitar todo o processo de vendas desses produtos. É possível perceber que a administração esteve orientada por três princípios:

1. Produção: na era industrial, o enfoque básico era a produção de mercadorias e serviços em larga escala para viabilizar a redução de custos em fabricação seriada e padronizada.

2. Venda: com a expansão dos mercados e os novos produtores, os excedentes de produção já não encontravam um mercado tão garantido; tornou-se fundamental, portanto, o esforço de vendas como o único meio capaz de ajudar na comercialização de uma produção industrial crescente.

3. Necessidades de consumo: na etapa seguinte, mesmo com todo investimento na área de vendas, percebeu-se que esse esforço já não era suficiente para garantir que o mercado absorvesse toda a produção massificada, e foi necessário inverter a lógica do processo produtivo, ou seja, produzir conforme as necessidades do consumidor.

O início da década de 1990 marca o mundo organizacional com a chegada da era da informação, que surge com o extraordinário impacto provocado pela tecnologia da informação (TI). O recurso mais valioso passa a ser a informação, isto é, o conhecimento, que substitui, então, o capital financeiro.

COMENTÁRIO

A era da informação ou era digital é o período que vem após a era industrial, principalmente após a década de 1990, com invenções como o microprocessador, a rede de computadores, a fibra óptica e o computador pessoal.

Na era da informação:

- o aprendizado contínuo se torna imprescindível;
- a especialização é valorizada;
- as transformações tecnológicas são grandes;
- as decisões são tomadas com base em estudos e números;
- o poder está nas mãos das pessoas que detêm o conhecimento;
- as mudanças são constantes.

> **EXEMPLO**
>
> Em apenas uma década, o fenômeno Google conquistou mais de 1 bilhão de usuários, e as vendas cresceram mais de 1.000% nos últimos cinco anos. Fundada por Larry Page e Sergey Brin (em 1998), a empresa oferece um sistema de busca de informações on-line cujo funcionamento, por meio de modelos matemáticos, tornou o produto melhor em comparação ao oferecido pela concorrência

Na era da informação, as pessoas se tornaram mais exigentes e competitivas. Houve mudanças – nos setores político, econômico, social, ambiental e tecnológico – que causaram forte impacto nos modelos de gestão empresarial e culminaram em uma enorme disputa entre as empresas por vantagens competitivas em todos os setores.

Setor de vendas

O processo de vendas é mais antigo do que a criação da moeda. Inicialmente, o homem comercializava por meio de simples trocas em que a mercadoria era avaliada pela quantidade de tempo ou força de trabalho gasta para produzi-la ou pela necessidade do "comprador".

O setor de vendas precisou contar com novas técnicas e maior profissionalismo porque a competitividade entre as empresas havia aumentado consideravelmente. Por isso, é fundamental conhecer o mercado em que a empresa está inserida, seu público-alvo, bem como saber planejar, implementar e controlar suas ações e estratégias de vendas, a fim de garantir o sucesso nos resultados.

Os profissionais da área de vendas, cada vez mais, procuram desenvolver competências para não se tornarem obsoletos no mercado, pois o processo de vendas não é mais o ato de "tirar o pedido" ou mostrar ao cliente uma mercadoria. Esse processo envolve: a busca de novos clientes, sua manutenção e fidelização, atenção às tendências do mercado, criatividade, flexibilidade, capacidade de negociação e comprometimento, entre outros fatores.

> **EXEMPLO**
>
> A Natura, fundada em 1969, é a maior empresa brasileira de cosméticos, com faturamento superior a R$ 5 bilhões anuais. Conta com mais de 742 mil vendedores em todo o país e vem se destacando entre as melhores e maiores empresas do ano desde 2008, quando conseguiu um crescimento anual de 76,6% em seu lucro líquido. A explicação para esse bom desempenho foi a expansão do canal de vendas e a melhora da produtividade.

Ao estudar o processo de vendas, é fácil perceber que não existe um único método para a realização das vendas. O processo é composto de etapas que servem como bússolas para a estruturação das ações de vendas e devem ser adaptadas às características de cada organização.

A venda faz parte de um conjunto maior denominado *marketing* (do inglês *market* = mercado), uma filosofia de gestão que reconhece no consumidor o ponto focal de toda atividade da empresa, pois é ele quem compra seus produtos ou serviços.

Muitas organizações são *sales oriented*, ou seja, orientadas por vendas – o foco é o desenvolvimento de técnicas de vendas. Desde 1930, após o aumento na quantidade de produtos disponíveis no mercado, o processo de vendas recebeu muitos investimentos para escoar toda a produção. A partir desse momento é que a área de vendas começou a ter maior importância.

As empresas orientadas por vendas estão modificando seu foco porque perceberam que, quando o foco é vendas, procuram satisfazer às necessidades do vendedor e às suas próprias; entretanto, a nova orientação é que invistam em marketing para conhecer as necessidades do consumidor e satisfazê-las.

Setor de marketing

De acordo com Gundlach (2007), a American Marketing Association definiu marketing como um processo pelo qual a concepção, a promoção e a distribuição de ideias, bens e serviços – além da fixação dos preços – são planejadas, efetivadas e estimulam trocas que satisfazem aos objetivos individual e organizacional.

```
Meta do marketing: → conhecer a fundo o consumidor, entendê-lo
                                    ↓
o produto ou serviço se adapte ao consumidor e se venda sozinho. ← de tal modo que
```

O marketing dá um aporte de conhecimentos para entender e interpretar o cliente, saber a maneira como ele pensa, decide e compra. Desse modo, parte dos objetivos de marketing e do conhecimento de mercado – para definir um composto de atividades ligadas a produto, preço, promoção e propaganda, distribuição e venda – é o que se chama *composto de marketing* ou *marketing mix* (figura 1).

Todos esses aspectos do *marketing mix* são importantes para que a venda aconteça e deixe o cliente plenamente satisfeito.

FIGURA 1: COMPOSTO MERCADOLÓGICO E O CLIENTE

```
Produto      Preço
       Clientes
Promoção    Distribuição
```

O mix de marketing ou composto de marketing se divide em 4 Ps ou modos de influenciar os canais de comercialização e os consumidores finais:

- produto: tudo que se refere ao produto ou serviço, ou seja, composição física, características, produção, qualidade, marca, design, embalagem etc. Os benefícios que o cliente enxerga no produto e a credibilidade deste é que vão contribuir para aumentar ou diminuir as vendas;

- preço: política de preços, descontos, formas e prazos de pagamento. Quanto mais baixo o preço de um produto ou serviço em comparação a produtos similares e de qualidade compatível, maior será a possibilidade de vendas;
- praça: canais de distribuição, cobertura, variedades, locais, estoque, transporte, enfim, maior disponibilidade do produto para o consumidor, a fim de que este possa comprá-lo e consumi-lo. Quanto maior a proximidade entre cliente e ponto de venda, ou seja, quanto maior a disponibilidade, maior a possibilidade de consumo;
- promoção: promoção de vendas, publicidade, força de vendas, relações públicas, marketing direto, propaganda, enfim, promover o consumo do produto ou serviço. A maneira como o produto é divulgado, isto é, a imagem construída para o consumidor, é que aumentará a possibilidade de vendas.

QUADRO 1: COMPOSTO DE MARKETING

Produto	Preço	Promoção – comunicação ou divulgação	Praça – distribuição ou ponto de venda
características qualidade devoluções embalagem marca serviços assistência técnica garantia	política de preços limites de crédito do cliente descontos por quantidades especiais formas de pagamento – dinheiro, cheque, cartão etc.	propaganda publicidade amostras grátis vendas cupons com brindes televisão e rádio jornais e revistas *outdoor* *merchandising*	canais de distribuição transportes *franchising* venda direta atacadistas varejistas armazenagem centro de distribuição

Desse quadro 1 – Composto de marketing – destacamos o significado de três palavras importantes: propaganda, publicidade e *merchandising*.

CONCEITO-CHAVE

Propaganda – toda forma paga e impessoal de promover ideias, bens e serviços por conta de uma instituição patrocinadora.
Publicidade – uma forma de comunicação espontânea e gratuita de um produto ou empresa na mídia.
Merchandising – negociar, comerciar, operar com mercadoria. É uma atividade mercadológica que se destina a conduzir os bens por meio dos canais de distribuição. É toda ação de valorização e enriquecimento do produto no ponto de venda a fim de diferenciá-lo e levar o consumidor à decisão de compra.

A gestão do marketing tem por objetivos:

- criar ou identificar valor: produzir inovações em produtos, processos e modelagens de negócios, com base em um profundo conhecimento do consumidor, do comprador e dos mercados nos quais a empresa atua;
- desenvolver e entregar valor: obter resultados estratégicos a partir de políticas consistentes de marketing;
- alinhar as pessoas aos valores: liderar e motivar colaboradores e parceiros para a mudança e incentivar o alto desempenho, com base em um relacionamento sustentável.

Esses objetivos de marketing se baseiam no bom relacionamento com todas as partes interessadas na empresa ou *stakeholders*: clientes, acionistas ou proprietários, fornecedores, funcionários e governo. A organização que melhor desenvolver uma oferta para atender a esses interessados será bem-sucedida e ganhará a preferência e a fidelidade dos clientes.

Relação entre marketing e vendas

Marketing e vendas

A área de vendas ocupa uma posição de destaque nas empresas porque é uma das principais fontes de receita da organização, além de um importante instrumento de comunicação com o mercado.

O composto de marketing apresenta elementos controlados pela empresa que são fundamentais para que ela possa vender seus produtos e atender adequadamente às necessidades de seus clientes/consumidores.

> **CONCEITO-CHAVE**
>
> A venda é o ato de induzir alguém a trocar algo – *produtos ou serviços* – por dinheiro. Para os autores de marketing, a venda significa o encontro do agente de oferta com o agente de procura.

> Juntar a oferta e a procura: esse é o desafio do marketing.

> **EXEMPLO**
>
> O presidente de uma famosa marca de pasta de dentes resolveu aumentar a venda de seu produto em 20%. Para isso, contratou especialistas de marketing e vendas para criar novas estratégias para atingir seu objetivo. Após longas discussões e debates, os profissionais concluíram que a melhor opção seria alargar o orifício de saída do tubo da pasta em 20% e, assim, garantir o aumento no consumo do produto. A estratégia deu certo.

Uma das atribuições da área de marketing é trabalhar o consumo. Na realidade, o marketing cria condições para que a necessidade de consumo seja plenamente satisfeita pela empresa, a fim de torná-la a melhor opção para o cliente. Nesse caso, as vendas serão uma consequência natural de um bom trabalho de marketing.

A venda é a parte decisiva do marketing, mas não a parte final, pois hoje as empresas estão muito preocupadas com a continuidade do relacionamento com o cliente no pós-venda, razão pela qual a assistência técnica e o atendimento contínuo ao consumidor ganharam muita importância nessa relação comercial.

A satisfação do cliente não se limita apenas à venda, mas também ao antes, ao durante e ao depois da venda, para garantir o pleno atendimento de suas expectativas. O cliente deve se sentir seguro de que, após comprar o produto, terá a garantia necessária, a assistência técnica adequada e a certeza de que o produto atenderá plenamente às suas necessidades.

> **EXEMPLO**
>
> O executivo Carlos Trostli, presidente da Reckitt Benckiser, fabricante de produtos de limpeza e de higiene pessoal, integrou o departamento de vendas e marketing no planejamento estratégico anual da empresa. A iniciativa fez o marketing aprender a ouvir mais o comercial para compreender melhor os clientes de seus produtos. "Desde que aproximamos os dois lados, os embates entre as equipes passaram a ser construtivos", diz Carlos. O alinhamento das funções deu resultado imediato. O clima organizacional melhorou e a empresa cresceu 24%, ante os 8% do setor no primeiro ano de implantação do programa.

A união entre o marketing e a atividade de vendas pode gerar alguns conflitos, porque o primeiro está relacionado à função de planejamento, que busca resultados a médio e a longo prazo; e a área de vendas, por outro lado, tem um papel muito mais objetivo, operacional e de curto prazo, ou seja, cotas de venda diárias.

Segmentação

A segmentação de mercado é fator essencial para a estruturação da área de vendas, pois define público-alvo ou grupos de necessidades, condições econômicas ou poder de compra, características culturais e psicológicas, localização e hábitos de compra, entre outros fatores. Assim, a área de vendas tem condições de estabelecer parâmetros para a realização de suas atividades.

Dentro desses grandes grupos existem os "nichos de mercado", que são os grupos mais restritos de compradores, diferenciados por alguma característica comum.

> **EXEMPLO**
>
> Um segmento de mercado pode ser considerado o de carros populares; um nicho de mercado pode ser o grupo desses consumidores que deseja um carro popular adaptado à deficiência física.

As principais bases de segmentação de mercado são:

1. Segmentação demográfica – são as características que definem o perfil do consumidor e determinam seu comportamento de compra – faixa etária, sexo, nível de renda familiar, estado civil, nível de escolaridade, local e tipo de residência, ocupação ou tipo de emprego, religião, raça, nacionalidade e nível socioeconômico, ou seja, classes A, B, C, D. A segmentação demográfica tem uma importância muito grande na definição da equipe de vendas: vendedores mais experientes e qualificados cuidam de clientes classe A, com maior nível de escolaridade, que precisam de argumentação mais elaborada, já que os produtos de seu interesse são os mais caros.

2. Segmentação geográfica – constitui a área territorial de venda do produto ou serviço. Algumas bebidas quentes comercializadas no sul do Brasil, por exemplo, não encontram a mesma aceitação em outras regiões do país devido à temperatura local.

3. Segmentação psicográfica – avalia a maneira como os clientes utilizam o produto em função do estilo de vida ou da personalidade, que pode ser, por exemplo, compulsiva, autoritária, ambiciosa etc. O computador, por exemplo, tem múltiplas funcionalidades, e os consumidores podem utilizá-lo para satisfação cultural, esportes, atividades empresariais ou educativas, de acordo com a preferência de cada um.

4. Segmentação comportamental – identifica as necessidades básicas dos consumidores, ocasiões, benefícios, fidelidade de consumo, atitude em relação ao produto, que pode ser, por exemplo, entusiasta, indiferente, hostil etc. O computador,

por exemplo, com suas múltiplas utilidades, pode servir para comunicação (e-mails, notícias, Skype, MSN), jogos, fazer contas e planilhas, assistir a vídeos etc.

5. Segmentação pelo estilo de vida – diferentes estilos de vida podem ser encontrados até na mesma classe social. Existem segmentos que reúnem pessoas em grupos para partilhar atividades, interesses e opiniões. Um grupo de jovens meninas com a mesma faixa etária, por exemplo, adota um estilo de roupa gótico, enquanto outro grupo se mantém no tradicional.

EXEMPLO

A Fiat planeja lançar cinco novos modelos de veículos a cada ano. Entre eles, haverá modelos direcionados para cada público-alvo e relançamentos de veículos tradicionais. Os novos produtos são reflexos de uma segmentação dos consumidores que se tornou o principal fator decisivo, em detrimento do crescimento do PIB, taxas de juros, índices de confiança do consumidor etc. A montadora também se baseia na segmentação, como no caso do Fiat Strada e do Novo Uno, destinados ao público jovem.

O público-alvo desejado raramente é homogêneo; em geral, é composto por milhares de indivíduos com hábitos, gostos e exigências diferentes uns dos outros. Essa diferenciação entre as pessoas exige do marketing estratégias para uma atuação eficaz a fim de atingir plenamente os objetivos da empresa.

Posicionamento

O posicionamento de mercado é a posição que as marcas e os produtos ou serviços ocupam na mente dos consumidores; representa o ato de desenvolver a oferta e a imagem da empresa de forma que ocupem um lugar distinto e valorizado na mente dos *consumidores-alvo*.

Existem sete principais tipos de posicionamento:

- posicionamento por atributo – quando a empresa se baseia em características físicas do produto, em benefícios como qualidade, durabilidade, segurança, sabor e bem-estar. Por exemplo, um carro blindado que tenha maior capacidade de proteção para o usuário, possui o atributo da segurança;
- posicionamento por benefícios – quando a marca pode ser definida como um conjunto de atributos, mas os consumidores não compram um produto pensando

somente nesse detalhe. Eles querem que o produto proporcione benefícios, sejam eles emocionais ou racionais. Os anúncios de sabonetes, que antes valorizavam a limpeza da pele, atualmente se preocupam em valorizar que preservam a saúde, ajudam no rejuvenescimento da pele e dos cabelos, combatem rugas, diminuem a flacidez e questões estéticas comuns à maioria das mulheres;

- posicionamento por uso ou aplicação – quando a empresa oferece mais facilidade no uso, rapidez nas soluções e tranquilidade na utilização. Por exemplo, o uso de uma bebida isotônica que propicia maior reposição de sais, indicado, especialmente, para atletas;
- posicionamento por usuário – quando a empresa apresenta um produto como sendo o melhor para determinado grupo de usuários. Por exemplo, um xampu próprio para bebês, ou quando a Apple oferece aos seus clientes melhores designers gráficos do que os concorrentes;
- posicionamento por preço ou qualidade – quando a empresa valoriza o dinheiro do cliente. Por exemplo, "compre um celular pré-pago de uma operadora de telefonia por R$ 300,00 e receba, mensalmente, R$ 50,00 em créditos para gastar durante 10 meses";
- posicionamento por concorrente – quando seus produtos ou serviços são melhores que os dos concorrentes com itens semelhantes. Por exemplo, a Brastemp conseguir fabricar máquinas de lavar roupa e se posicionar com qualidade superior;
- posicionamento por categoria de produtos – quando o tipo de produto ou serviço se posiciona em comparação a determinadas classes de produtos, por exemplo, uma loja de brinquedos educativos, que servem para desenvolver a coordenação motora e a percepção das cores nas crianças, em comparação às lojas de brinquedos comuns.

EXEMPLO

A rede de supermercados Mundial, com mais de 19 lojas instaladas na cidade do Rio de Janeiro, fundada em 1943, com faturamento superior a R$ 550 milhões anuais, voltada para a classe C, adota o posicionamento por preço, ou seja, obter a melhor condição na compra de produtos para garantir o menor preço total ao consumidor.

É importante mencionar que as organizações têm acesso a novas técnicas e tecnologias com muita rapidez e isso lhes permite produzir e vender produtos com características muito similares em desempenho, durabilidade e qualidade. O consumidor, geralmente, não consegue perceber diferenciais nesses produtos; ao adquiri-los, não se preocupa com sua marca e, por isso, tais produtos são considerados *commodity*.

> **EXEMPLO**
> Pode-se mencionar que a grande maioria das pessoas, em uma lanchonete, solicita uma garrafa de água mineral, mas raramente especifica a marca porque considera as características desses produtos muito semelhantes.

Todas essas ações de marketing visam pôr a imagem da empresa e do produto na mente do consumidor para que a venda se torne possível e efetiva.

Ciclo de vida do produto

Ao longo do ciclo de vida de um produto suas vendas atravessam estágios, os lucros variam e diferentes estratégias são exigidas para cada estágio:

Introdução
Período de baixo crescimento nas vendas, uma vez que o produto está em uma fase de lançamento ou introdução no mercado. Não há lucros nessa primeira etapa devido às pesadas despesas com o lançamento.

Crescimento
Período de rápida aceitação pelo mercado e melhoria substancial dos lucros.

Maturidade
Período de baixa no crescimento das vendas, porque o produto já alcançou a aceitação da maioria dos potenciais compradores. Os lucros se estabilizam ou declinam em função do aumento da concorrência.

Declínio
Período em que as vendas mostram uma queda acentuada e os lucros desaparecem. É o momento de descontinuar a fabricação do produto para não ter prejuízos cada vez maiores.

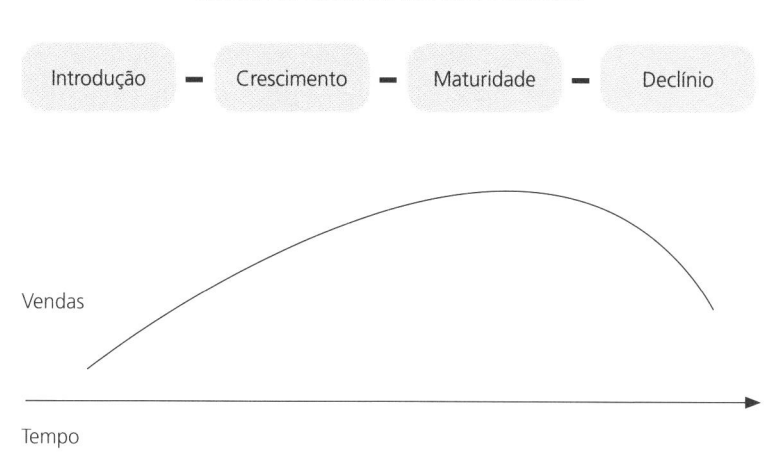

FIGURA 2: CICLO DE VIDA DO PRODUTO

Introdução — Crescimento — Maturidade — Declínio

Vendas

Tempo

> **EXEMPLO**
>
> Um bom exemplo desse ciclo de vida do produto foi o Santana, produzido pela montadora Volkswagen. Lançado com sucesso na década de 1980, recebeu o título "carro do ano" em 1991 pela revista Quatro Rodas e era a grande inovação do momento: completo, sofisticado, ótimo design e funcionalidades, utilizado por diretores de multinacionais, autoridades e, posteriormente, pelos próprios taxistas. Era um carro excelente e se manteve no mercado até 2006, quando chegaram novos concorrentes – Spin, Corolla, Honda Civic etc.

Visão contemporânea de vendas e do vendedor

Contexto atual de vendas

A economia tem crescido gradativamente: novas indústrias, lançamentos de produtos inéditos e mais opções para os consumidores. Com isso, o departamento de vendas precisa desenvolver novas habilidades e usar de profissionalismo para que o consumidor escolha seus produtos em detrimento de outras opções, oferecidas pelos concorrentes.

O consumidor, graças a essa variedade de alternativas, está cada vez mais exigente: busca qualidade com preços reduzidos, ótimo *design* e entrega imediata. Nesse contexto, o departamento de vendas precisa treinar suas equipes, adotar novas técnicas de persuasão, ter domínio sobre as funcionalidades do produto, oferecer benefícios e formas de pagamento atraentes, além de fazer todo o acompanhamento pós-venda.

As empresas, para facilitar a vida de seus clientes, oferecem um *plus* na expectativa de obter alguma fidelização da parte desses consumidores, conforme a seguir:

- vendas por cartão – algumas empresas estão trabalhando com cartões chamados smart cards, que facilitam o processo de vendas e acumulam pontos ou bônus para as transações comerciais seguintes ou, então, são aceitos em outros segmentos do mercado, como a operação com cartões de crédito, que possibilita ao cliente utilizar essa pontuação para obter desconto nas compras em supermercados ou trocá-la por passagens aéreas;
- shopping virtual – o consumidor faz as compras sem sair de casa e ainda consegue obter o comparativo eletrônico entre os preços dos lojistas. Os sites mais famosos para isso são Buscapé, Bondfaro, Mercado Livre, Boa Dica, Cata Preço etc.;
- shopping de descontos – um dos últimos lançamentos da internet são os sites em que as empresas anunciam descontos muito atraentes porque querem vender um "lote de produtos" ou, então, vender para um grupo de pessoas para compensar o desconto concedido. Nesses casos, a grande estratégia é a divulgação da marca no mercado, ou seja, as empresas trocam o desconto pela visibilidade de seus produtos. São exemplos: desconto no final de semana em um Resort, com café da manhã de R$ 820,00 por R$ 300,00; limpeza de veículo e cera de R$ 120,00 por R$ 40,00. As empresas que mais promovem essas divulgações são Peixe Urbano, Clube Urbano, Brands Club e Ticket Urbano;
- vendas via internet – a tecnologia permitiu as vendas diretas ao consumidor, e a logística tratou de viabilizar rapidamente as entregas. No Brasil, mais de R$ 15,2 bilhões são movimentados em vendas on-line;
- outras formas – a indústria fonográfica americana descobriu uma forma direta de vender melodias e músicas pela internet por meio de *download*, e o cliente recebe o produto imediatamente em sua casa, com baixo custo.

As lojas oferecem preços menores quando o cliente compra pela internet, sem a necessidade de custos com vendedores, ou seja, a tendência é que esses profissionais sejam chamados ao processo de comercialização somente quando tiverem algo a oferecer aos compradores.

Contexto atual dos vendedores

É fundamental compreender as atividades do vendedor, que podem ser muito diversificadas, pois dependem do tipo de venda envolvido. Vejamos alguns desses tipos:

- vendedores missionários – são aqueles que trabalham a imagem da empresa, estimulam a procura, ajudam os intermediários a treinar o pessoal de vendas e, muitas vezes, acompanham os pedidos de entrega;
- entregadores de mercadorias – são aqueles que dão maior ênfase à entrega das mercadorias. É o tipo de vendedor que possui um veículo grande para visitar os estabelecimentos varejistas e entregar o produto que foi requisitado na última visita. Os principais segmentos que atuam dessa forma são refrigerantes, cigarros e produtos de mercearia;
- tomadores de pedidos internos – são os vendedores que ficam em seus estabelecimentos e aguardam a chegada dos compradores para atendê-los. Eles atuam como tomadores de pedidos e orientadores dos compradores, portanto precisam de elevado conhecimento dos produtos. Atuam em lojas de materiais de construção, lojas de mobiliário, concessionárias de veículos e no comércio varejista em geral;
- tomadores de pedidos externos – percorrem, rotineiramente, todos os pontos de venda para verificar as necessidades de seus clientes. Como já existe uma carteira de clientes previamente estabelecida, as vendas podem ser mais fáceis, pois eles já mantêm um relacionamento comercial com os clientes;
- vendedores técnicos – trabalham com produtos que exigem um conhecimento profundo e específico para orientar e persuadir os compradores. Nesses casos, geralmente precisam de uma formação profissional sólida: advogados, engenheiros, médicos, dentistas, analistas de sistemas, agrônomos, bioquímicos, farmacêuticos etc. Além disso, esses profissionais demandam um treinamento sobre os produtos (ou serviços) que serão comercializados;
- vendedores de produtos tangíveis – têm a função de criar oportunidades e conquistar novos clientes, para o que precisam de alta capacidade de persuasão. Essa modalidade abrange a maioria dos produtos que são comercializados;
- vendedores de produtos intangíveis – são aqueles que, geralmente, trabalham com a prestação de serviços, e, nesse caso, convencer o comprador é bem mais difícil. O vendedor, em geral, precisa de referência de outras empresas nas quais já prestou serviços anteriormente, pois isso pode lhe garantir alguma credibilidade. É o caso de consultorias, serviços advocatícios, de contabilidade, limpeza etc.

Os melhores vendedores demonstram ter:
- elevado nível de energia ou motivação;
- muita autoconfiança;
- carisma, empatia e ambição de ganhar mais e melhorar o padrão de vida;
- hábito de trabalhar sem o controle, em tempo integral, da chefia;

- tendência natural para a competição;
- muita perseverança;
- facilidade de comunicação e habilidade de negociação.

O vendedor, no contexto contemporâneo, não pode mais ser aquele que não conseguiu uma oportunidade de emprego em outro segmento. Ele precisa ter características comportamentais compatíveis com as necessidades da empresa e capacidade de se adaptar ao produto, serviço ou segmento de mercado, para realizar boas vendas.

Formulação da política comercial

Planejamento de vendas

O gerente de vendas elabora o planejamento de vendas, que consiste em:
- estabelecer objetivos empresariais;
- analisar o histórico de vendas e os concorrentes;
- dividir as tarefas entre os componentes da equipe;
- determinar as metas por região, por tipo de cliente, por produtos ou serviços;
- determinar as melhores abordagens, o preparo da equipe e todos os demais detalhes para alcançar seus objetivos.

As empresas de médio e de grande porte conseguem montar um departamento especializado em sistema de informações de marketing (SIM) e obter dados importantes para a tomada de decisões, como: o cadastro dos clientes, o histórico de vendas por cliente, por região, por tipo de produto, por dia do mês, por mês, as preferências do cliente, os últimos pedidos etc. Atualmente, existem vários *softwares* para a compilação de dados que podem favorecer as estratégias de vendas.

Na figura 3, vê-se a representação esquemática do SIM.

FIGURA 3: MODELO DE SISTEMA DE INFORMAÇÕES DE MARKETING (SIM)

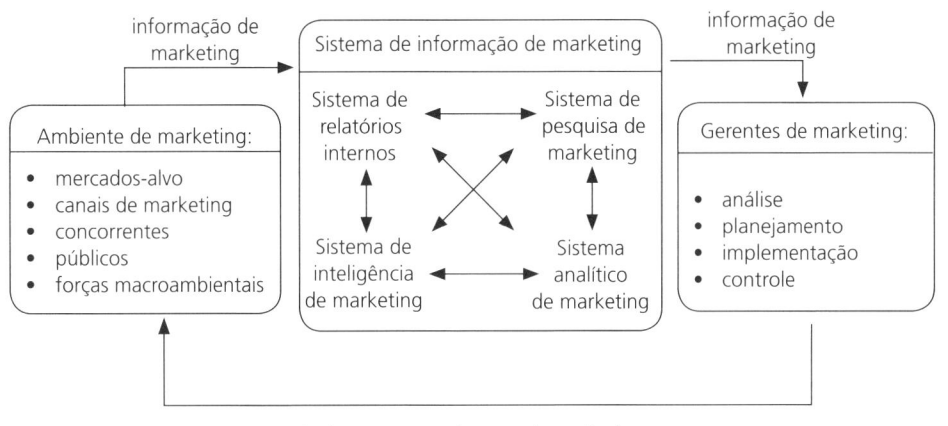

```
                informação de                                    informação de
                  marketing        Sistema de informação de       marketing
                                         marketing
                                   ┌─────────────────────┐
                                   │ Sistema de    Sistema de │
┌──────────────────────┐           │ relatórios    pesquisa de│   ┌──────────────────────┐
│ Ambiente de marketing:│           │ internos      marketing  │   │ Gerentes de marketing:│
│  • mercados-alvo     │           │                          │   │  • análise           │
│  • canais de marketing│           │                          │   │  • planejamento      │
│  • concorrentes      │           │ Sistema de    Sistema    │   │  • implementação     │
│  • públicos          │           │ inteligência  analítico  │   │  • controle          │
│  • forças macroambientais│        │ de marketing  de marketing│  │                      │
└──────────────────────┘           └─────────────────────┘       └──────────────────────┘

                         decisões e comunicações de marketing
```

Fonte: Kotler (2000).

PHILIP KOTLER

Doutor em economia pelo Massachusets Institute of Technology, professor de Marketing Internacional na Kellog Graduate School of Management, da Northwestern University.
É considerado o pai do marketing, tendo definido seus princípios elementares e dedicado boa parte de seu tempo à pesquisa e ao estudo para promover sua difusão.

A pesquisa de marketing pode ser o relatório que fornecerá um cadastro prévio de potenciais clientes com algumas informações básicas – localização, telefone, endereço, contatos, interesses etc. – que podem ser utilizadas para entender o mercado de atuação, conforme a segmentação de mercado.

> **EXEMPLO**
>
> **Vendas na prática**
>
> Vender um avião que custa em média 20 milhões de dólares não é para qualquer um. Maurício Botelho, presidente da Embraer, além de acumular um retrospecto gerencial invejável, conseguiu abrir para o Brasil um mercado que era predominantemente dominado pelas grandes indústrias aeronáuticas do primeiro mundo. Botelho diz: "O sucesso está baseado em estabelecer uma estratégia clara de vendas, planejar detalhadamente sua execução e ter agilidade e flexibilidade suficientes para se adaptar às necessidades do cliente".
>
> Fonte: Lázaro (2003:56).

O plano de vendas

O plano de vendas é um documento formal do qual constam os principais tópicos de um planejamento. Deve ser um documento de uso rotineiro na empresa, um orientador para as equipes de vendas, e ser frequentemente atualizado com novas informações.

> **EXEMPLO**
>
> A Lafis, empresa paulista fundada na década de 1990, especializada em análises econômicas e setoriais, perdeu muitas vendas com a crise ocorrida no final de 2008; não obstante, conseguiu ter um crescimento nas vendas de mais de 30% no ano seguinte, graças a um minucioso plano de vendas que envolveu troca de comando, revisão de processos, hierarquização de funcionários, fortalecimento da área comercial, aumento de 100% no tamanho da equipe de vendedores e foco direcionado para atendimento a grandes clientes.

É óbvio que esse plano deve ser adaptado ao tipo de produto ou serviço que a empresa está comercializando, ao tempo de produção, à forma de entrega e a outros fatores específicos de cada empresa – algumas vão fabricar e entregar por encomenda e têm um tipo de fluxo do canal de vendas; outras terão estoques prontos para entregar aos clientes, por exemplo.

> **CANAL DE VENDAS**
>
> Meio ou instrumento utilizado para comercializar produtos. O canal mais tradicional de vendas adotado pelas empresas é a venda pessoal. No entanto, cada vez mais as empresas adotam múltiplos canais para atingir o maior número de compradores. A televenda, a internet e a venda por catálogos surgem como opções para diversificar e expandir o canal de vendas das empresas.

A figura 4 ilustra o processo de planejamento de vendas esquematizado.

FIGURA 4: PROCESSO DE PLANEJAMENTO DE VENDAS

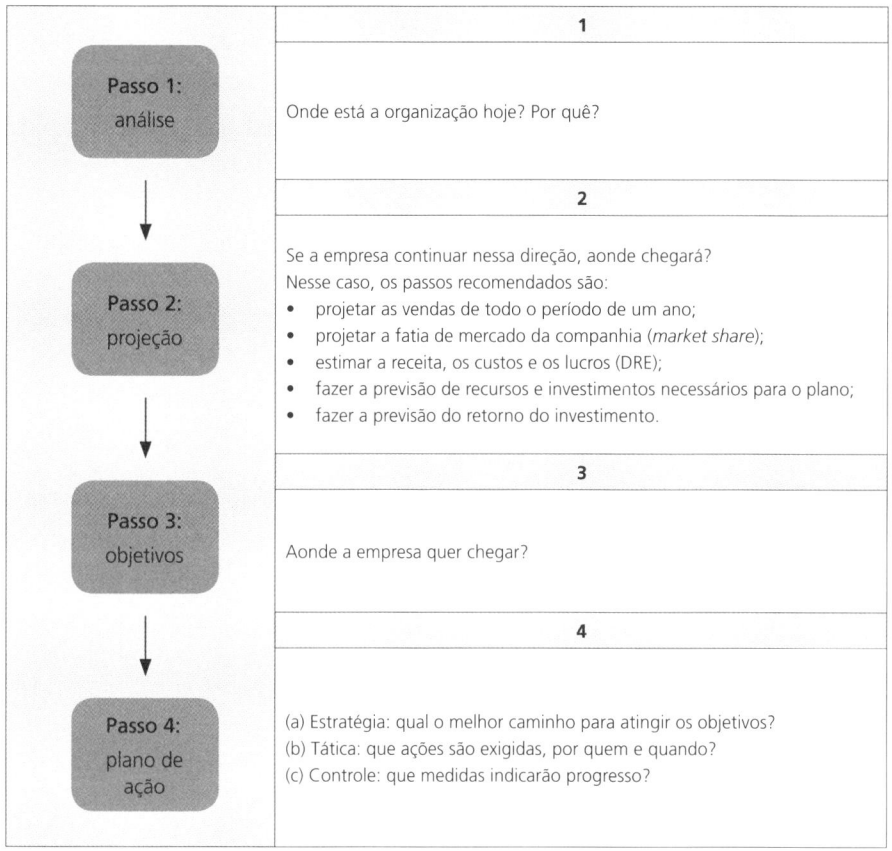

Passo 1: análise	**1** Onde está a organização hoje? Por quê?
Passo 2: projeção	**2** Se a empresa continuar nessa direção, aonde chegará? Nesse caso, os passos recomendados são: • projetar as vendas de todo o período de um ano; • projetar a fatia de mercado da companhia (*market share*); • estimar a receita, os custos e os lucros (DRE); • fazer a previsão de recursos e investimentos necessários para o plano; • fazer a previsão do retorno do investimento.
Passo 3: objetivos	**3** Aonde a empresa quer chegar?
Passo 4: plano de ação	**4** (a) Estratégia: qual o melhor caminho para atingir os objetivos? (b) Tática: que ações são exigidas, por quem e quando? (c) Controle: que medidas indicarão progresso?

Fonte: Stroh (1978:62-63).

Para estimar o potencial de mercado ou de vendas, muitos métodos são possíveis. Vejamos alguns deles:

- intenção de compras – consiste em perguntar aos clientes se comprariam ou não os produtos oferecidos pela empresa e qual a provável quantidade mensal;
- comparação – é possível utilizar determinado produto como referencial e vender produtos similares. Por exemplo, as vendas mensais de assinaturas de TV a cabo em certa região podem indicar o potencial de vendas para um novo concorrente;

- Testes de mercado – o produto pode ser comercializado em uma pequena região, a fim de que, mais à frente, as vendas sejam projetadas para uma área maior, por exemplo, para uma cidade inteira, um estado, um país;
- Análise de dados secundários – é possível fazer uma correlação com outro produto já existente, com o qual as vendas estejam correlacionadas. Por exemplo, as vendas de novos tapetes nas concessionárias de veículos estão correlacionadas com as vendas de veículos.

Previsão de vendas

É importante que a previsão de vendas seja realizada com cautela, pois a estrutura organizacional, isto é, os diversos setores – RH, DP, produção, marketing etc. – e as despesas da empresa são sustentadas pelos resultados das vendas e, se necessário, devem ter seus valores reduzidos em função destas. É óbvio que não é fácil conseguir exatidão e, em geral, há uma margem de variação nesses resultados.

Uma previsão otimista pode estimular o departamento de produção a produzir quantidades maiores dos seus produtos, o que implicará maiores gastos com matéria-prima e novas contratações, ao passo que uma previsão negativa pode determinar uma situação inversa.

EXEMPLO

O advogado e administrador Rodrigo Ferraz, proprietário da AZ Empreendimentos, grupo de entretenimento de Belo Horizonte com faturamento anual superior a R$ 25 milhões, analisava o consumo mensal de cervejas – a especialidade da casa – quando criou uma enquete on-line para fazer as previsões de vendas da empresa a fim de comprar e oferecer as marcas preferidas pelos clientes e evitar o excesso de estoque de algumas marcas. A cerveja belga Duvel, vendida a R$ 30,00, era bem-avaliada pelos clientes, estava presente no estoque, mas suas vendas eram mínimas. A partir dessa constatação, ele percebeu que essa marca deveria ter destaque no cardápio e os garçons deveriam enfatizar as vendas desse produto. A estratégia deu certo: com essas medidas, no mês seguinte, as vendas desse item quintuplicaram.

A previsão pode ser feita por vendedor, por tipo de produto, por região ou por clientes. Para isso, são utilizados todos os métodos e sistemas de informações possíveis: intenção de compras, opinião dos vendedores, vendas ocorridas no decorrer do período e estimativa dos executivos.

As cotas de vendas significam a divisão do orçamento de vendas em partes que são distribuídas e divididas entre os vendedores. É com base no alcance dessas cotas de vendas que estes receberão suas premiações e comissões.

O ideal é estabelecer uma cota que seja alcançável e esteja somente um pouco acima das possibilidades de venda em determinado território. Com esse procedimento, a empresa beneficia-se com o aumento da produtividade e o vendedor pode sempre chegar perto de sua meta.

É muito comum que as cotas sejam definidas com base no histórico de vendas. Adicionar um percentual de crescimento tem por objetivo forçar um melhor desempenho da equipe de vendas.

Algumas empresas convocam os próprios vendedores para reuniões e, com base no conhecimento que possuem do mercado e dos clientes, eles mesmos sugerem suas quotas de vendas. Esse método tem a vantagem de envolver o vendedor na tomada de decisões; ele se sentirá mais útil à empresa e trabalhará com números que realmente acredita que sejam possíveis.

Territórios e rotas

A empresa deve definir a abrangência de suas vendas, preferencialmente conforme o capital que será investido para sustentar as campanhas de marketing e a equipe de vendas.

A divisão territorial proporciona maior controle dos resultados e da equipe de vendedores. Além disso, a delimitação desse espaço dá oportunidade de identificar os clientes potenciais e chegar mais perto de um atendimento adequado, pois, ao estabelecer um roteiro de atendimento, a empresa pode oferecer uma atenção maior aos clientes, otimizar o tempo de viagem até eles e combinar a periodicidade de visitas e entregas.

A natureza do produto e o tipo de trabalho é que vão colaborar nessa divisão territorial. Assim, uma empresa que vende para atacadistas tem necessidade de vender para territórios maiores, enquanto a que vende para varejistas dá preferência a territórios menores.

Os muitos caminhos ou rotas a serem percorridos pelos vendedores serão determinados pelo potencial de vendas da área, pela frequência das visitas e pelo número de clientes. Quando uma rota é estabelecida, os clientes devem ser divididos[1] conforme sua capacidade de compras e sua importância, de modo que aqueles com maior potencial de compras devem receber a maior quantidade de visitas.

O mapa do território de vendas é, para o vendedor, o mapa do tesouro, de onde ele deve retirar seus ganhos, proporcionar lucro para sua empresa e ainda garantir a satisfação dos clientes.

---

[1] Na divisão dos clientes, considera-se, ainda, o porte da empresa.

O plano de visitas do vendedor deve mirar maior penetração no mercado, a fim de aproveitar toda a potencialidade deste. Para definir sua estratégia de atuação dentro do seu território de vendas, o vendedor deve realizar seu próprio plano:

1. Definição dos principais setores industriais existentes em seu território de vendas.
2. Levantamento dos possíveis clientes potenciais existentes no território.
3. Avaliação do custo efetivo para atingir os clientes potenciais.
4. Quantificação dos principais clientes existentes na área e das fontes de pesquisa para levantar suas necessidades.
5. Determinação do tempo que cada cliente potencial requer para se tornar um cliente efetivo.
6. Avaliação da sazonalidade dos negócios em seu território.
7. Levantamento das condições de mercado que poderão vir a afetar suas vendas futuras.
8. Determinação dos problemas que poderão vir a afetar seus negócios na área.

Uma vez identificado o ambiente de negócios em seu território, o vendedor está apto a planejar mercadologicamente seu método de atuação.

Preço, formas e condições de pagamento

Um dos aspectos mais importantes na relação comercial é o preço dos produtos, pois este pode facilitar ou dificultar as vendas. O valor de um produto ou serviço depende do grau de utilidade para o comprador, da qualidade percebida e do nível de serviço que o acompanha.

O nível de serviço é a *satisfação* dos clientes com o atendimento, que pode ser medida pelo tempo, pela velocidade e por outros benefícios na execução do serviço. O nível de serviço contribui para a satisfação e a fidelidade dos clientes e dá um atendimento diferenciado aos mais exigentes. Ao mesmo tempo, essa qualidade no atendimento também possui um custo mais elevado e compatível com o que é cobrado. Por exemplo, a empresa Conserte faz reparos em roupas, mas, se o cliente tem urgência na execução do serviço, o preço é mais elevado.

O preço é a estimativa que o vendedor faz a respeito do valor que todo esse conjunto tem para os compradores potenciais, considerando também outras opções oferecidas pela concorrência. Os principais aspectos que a empresa leva em consideração para a determinação do preço de um produto ou serviço são: objetivos que ela própria almeja alcançar; valor que o cliente está disposto a pagar pelo produto ou serviço; custo de fabricação e comercialização no mercado; preços fixados pelos concorrentes para produtos e serviços similares competitivos; restrições legais quanto à liberdade de fixação de preços.

O preço pode sofrer os seguintes descontos:

- *por quantidade* – servem para incentivar os compradores a comprar uma quantidade maior;
- *por pagamento à vista* – servem para incentivar o pagamento imediato;
- *promocionais* – são oferecidos como pagamento por atividades promocionais, relacionadas aos locais nos quais as vendas são realizadas;
- *sazonais* – são dados quando a demanda pelos produtos é altamente sazonal, como no caso de sorvetes, ar-condicionado ou frutas da época.

O *leasing* também pode ser considerado uma forma de gestão de preços, pois o usuário do produto não é o proprietário, mas aluga ou arrenda o produto. É utilizado quando o produto é altamente técnico – máquinas ou equipamentos especializados – ou possui alto custo. O *leasing* significa um aluguel por um tempo específico, e ao final do contrato, geralmente, é oferecida a possibilidade de aquisição do produto ou substituição por uma versão mais nova ou moderna.

EXEMPLO

Em um Brasil em forte expansão, o crédito bancário tem avançado também no mercado de luxo. Os itens com custos superiores a R$ 1 milhão permitem parcelamentos longos, a juros de mercado, para quem não quer desembolsar uma grande quantia de uma só vez. Além de carros e imóveis, até barcos entram nessa lista e garantem o sonho de consumo de muita gente. No setor náutico, os financiamentos de barcos podem ser feitos em até 60 meses, a juros em torno de 2% ao mês, de modo semelhante aos financiamentos de carros. Essa modalidade de crédito direto ao consumidor não é exatamente nova, mas vem se popularizando.

Prazo de pagamento e parcelamentos também são fatores fundamentais para incentivar e facilitar o comprador, desde que as taxas de juros sejam baixas ou inexistentes. As empresas, sobretudo o comércio, têm a cultura econômica de trabalhar com prazos de 90 a 180 dias para vender a mercadoria, recuperar os custos e dispor de capital suficiente para pagar aos fornecedores antes do prazo de vencimento da fatura.

Outra forma de ganhar prazo para pagamento, principalmente com os fornecedores novos, é ter o estoque deles disponível na empresa e pagar-lhes à medida que os produtos forem sendo vendidos, pois, assim, não se tem custo com o estoque do fornecedor, já que ele próprio arca com esse custo – por exemplo, estoque, capital de giro etc.

> **EXEMPLO**
>
> O cartão BNDES – Banco Nacional do Desenvolvimento Econômico e Social – também é uma modalidade de pagamento que tem crescido gradativamente e oferece muitas vantagens às empresas: crédito rotativo pré-aprovado, prestações fixas e taxa de juros atrativa.

Comportamento do consumidor

Compreendendo o consumidor

O termo *consumidor* é utilizado para descrever dois tipos de comprador: o consumidor pessoal, aquele que compra bens para seu próprio uso ou da família, e o consumidor organizacional, aquele que compra bens para uso na empresa.

A família é o grupo mais importante para o estudo do comportamento do consumidor por ser o principal núcleo de consumo. Para entender melhor a diversidade de papéis que pode envolver o consumidor no processo de compra, Philip Kotler (1998) distinguiu cinco diferentes papéis:

- iniciador – pessoa que dá a ideia de comprar um produto ou serviço;
- influenciador – pessoa cujo ponto de vista ou conselho influencia a decisão;
- decisor – pessoa que decide sobre quaisquer componentes de uma decisão de compra: o que, como ou onde comprar;
- comprador – pessoa que efetivamente realiza a compra;
- usuário – pessoa que consome ou usa o produto ou serviço.

> **EXEMPLO**
>
> ***Celebridades influenciam 33% das intenções de compra das classes de baixa renda***
>
> Ivete Sangalo, Luciano Huck e Regina Casé são os preferidos entre os consumidores das classes C, D e E. Os consumidores da base da pirâmide econômica brasileira fazem suas compras influenciados por alguma personalidade da TV, como aponta uma pesquisa realizada pelo Data Popular:

Continua

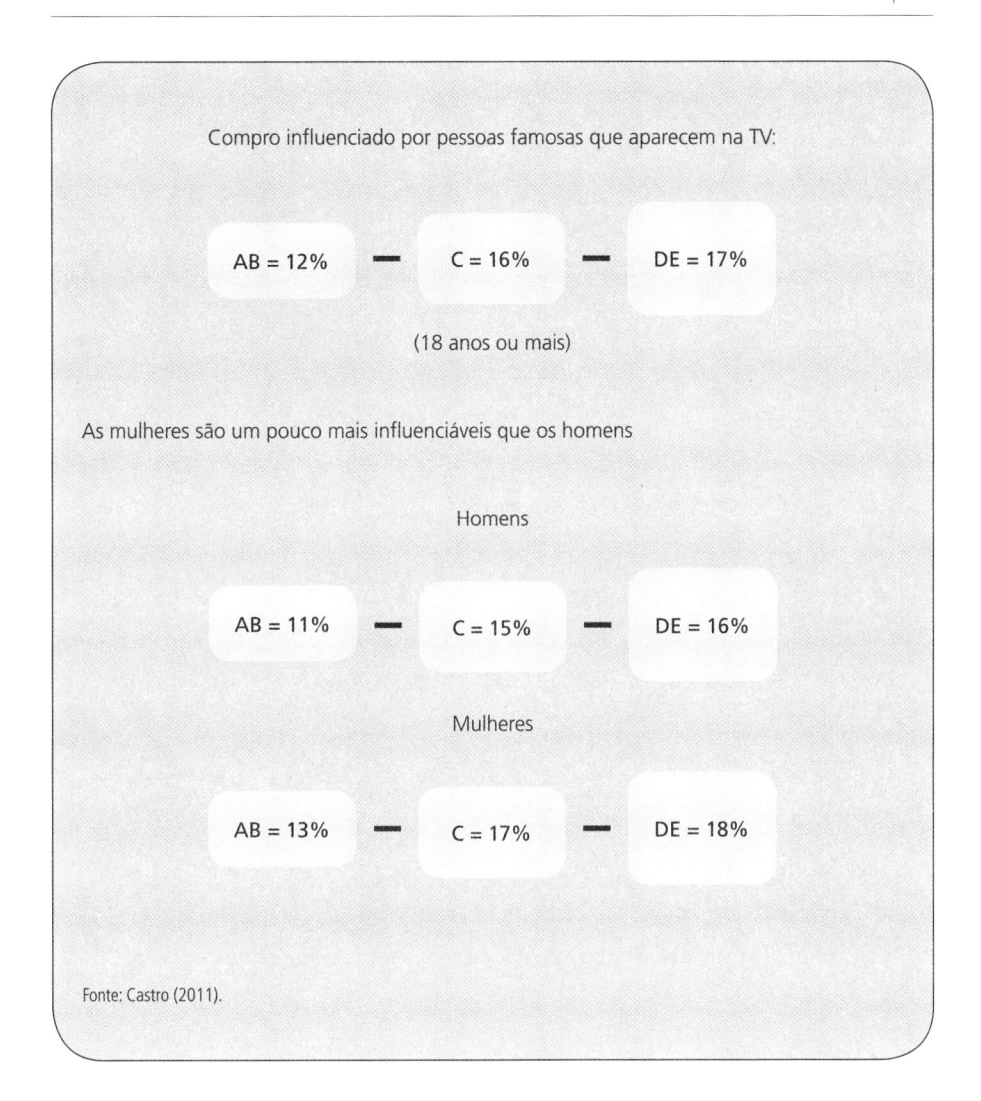

Compro influenciado por pessoas famosas que aparecem na TV:

AB = 12%   —   C = 16%   —   DE = 17%

(18 anos ou mais)

As mulheres são um pouco mais influenciáveis que os homens

Homens

AB = 11%   —   C = 15%   —   DE = 16%

Mulheres

AB = 13%   —   C = 17%   —   DE = 18%

Fonte: Castro (2011).

Os profissionais de marketing precisam ter muito cuidado ao analisar os fatores que envolvem o comportamento do consumidor e tomar decisões estratégicas de comunicação.

A comunicação de marketing, ou seja, a propaganda, deve ser direcionada adequadamente. Assim, por exemplo, uma fábrica de tintas para paredes poderá melhorar suas vendas se direcionar essa comunicação para as mulheres, com base na descoberta de que elas influenciam decisivamente, na maioria das vezes, a escolha da cor, do tipo e da marca da tinta.

FIGURA 5: VARIÁVEIS QUE INFLUENCIAM O COMPORTAMENTO DO CONSUMIDOR

VARIÁVEIS
- Socioculturais
- Psicológicas
- Individuais
- Situacionais

→ Processo de decisão de compra → Comportamento do consumidor

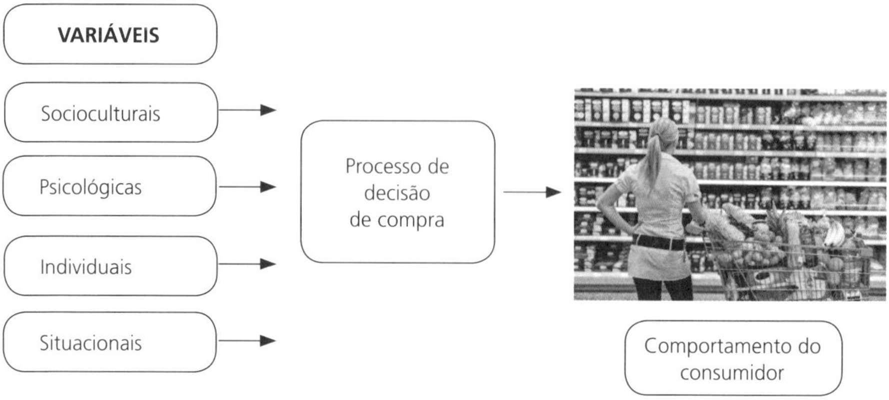

No estudo do comportamento do consumidor, é necessário considerar os fatores que influenciam o comprador:

- ambiente físico – os aspectos físicos e espaciais concretos que envolvem uma atividade de consumo;
- ambiente social – os efeitos que outras pessoas provocam sobre um consumidor durante uma atividade de consumo;
- tempo – os efeitos da presença ou ausência do tempo nas atividades de consumo;
- definição de tarefa – as razões que geram a necessidade de os consumidores comprarem ou consumirem um produto ou serviço;
- estados antecedentes – os estados psicológico e de espírito temporários que um consumidor traz para uma atividade de consumo.

Para que as empresas obtenham mais êxito no mercado, é fundamental conhecer o desejo dos consumidores, saber como eles tomam suas decisões de compra e utilizam os produtos. É importante monitorar, permanentemente, o comportamento de compra do consumidor e conhecer as variáveis que o influenciam, para que as empresas possam adaptar seus produtos e serviços de acordo com os desejos e as necessidades do consumidor e orientar suas ofertas para o mercado.

Capítulo 2

Papel estratégico de vendas

Neste segundo capítulo, será detalhado o processo de venda. Abordaremos a valorização do produto para o cliente, o conhecimento do produto e a estratégia de vendas.

Processo de venda

Fases da venda

Uma venda se divide em seis fases, como se pode ver a seguir:

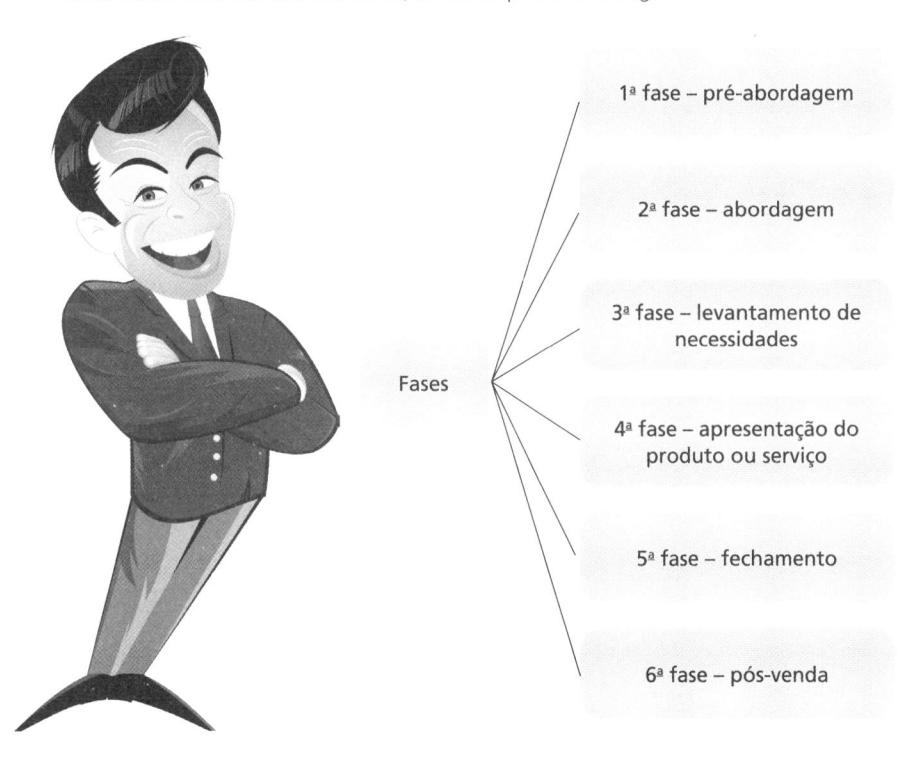

Fases
- 1ª fase – pré-abordagem
- 2ª fase – abordagem
- 3ª fase – levantamento de necessidades
- 4ª fase – apresentação do produto ou serviço
- 5ª fase – fechamento
- 6ª fase – pós-venda

1ª fase: pré-abordagem

É o momento em que o vendedor se prepara para a venda. É uma fase de planejamento, organização e treinamento para conhecer bem as qualidades do produto; seleção do material que será apresentado ao cliente e escolha dos argumentos apropriados para convencê-lo dos benefícios do produto ou serviço.

É imprescindível que o vendedor: não se atrase para a reunião com o cliente; tenha uma apresentação compatível com o tipo de empresa, produto e cliente que será visitado; selecione *folders*, CD ou *notebook* para usar como suporte durante a apresentação; leve a tabela de preços dos produtos, bem como amostras de cada um deles; tenha informações sobre o cliente; conheça os pontos fracos e os fortes dos seus concorrentes; tenha habilidades de negociação e consiga suportar a pressão do comprador.

2ª fase: abordagem

É o momento de aproximação com o comprador. Algumas empresas e alguns compradores preferem uma visita rotineira; outras só atendem por meio de agendamento de visita. Em algumas situações, as visitas são requisitadas com urgência em função do nível de estoque ou da natureza do serviço.

O vendedor que consegue "quebrar o gelo" e a resistência inicial do comprador, por ter segurança, conhecimento do produto, carisma e saber relacionar-se, consegue obter vantagem sobre os concorrentes.

Em uma venda, a abordagem deve ser criativa, diferente, com assuntos interessantes que estimulem uma boa conversa para criar a necessária aproximação entre as partes. Além disso, o vendedor não deve se esquecer de mencionar o próprio nome, o nome da empresa que está representando e o motivo de sua visita.

3ª fase: levantamento de necessidades

É o momento de ouvir os desejos do cliente, entendê-lo, anotar suas solicitações, conhecer os detalhes da empresa-cliente e compreender suas expectativas – por exemplo, quantidade, preço, prazo de entrega, prazo de pagamento, local de entrega e diversidade de produtos ou serviços.

4ª fase: apresentação do produto ou serviço

É o momento no qual o vendedor tem a oportunidade de mostrar todos os benefícios que sua empresa pode oferecer ao cliente, seus diferenciais em relação aos concorrentes – por exemplo, durabilidade do produto, garantias, economia etc. – e os motivos pelos quais sua empresa merece a confiança do cliente.

5ª fase: fechamento

É o ponto mais importante da venda, pois o vendedor vai formalizar ou documentar a solicitação do comprador por meio de um pedido de compras e repassar as informações à área de suporte de sua empresa.

No processo de venda, é fundamental que ambas as partes estejam satisfeitas – vendedor e comprador –, ou seja, a negociação deve permitir ganhos para ambas as partes. A melhor maneira de proporcionar esse nível de satisfação é explorar ao máximo os interesses do cliente para gerar opções que aumentem o valor da transação.

6ª fase: pós-venda

Significa completar todo o processo da venda, isto é:

1. Verificar se:
    a) o produto – ou serviço – foi recebido em condições satisfatórias;
    b) o comprador deseja receber outra visita e qual a melhor data;
    c) o comprador deseja esclarecer possíveis dúvidas – utilização do produto, garantia etc.
2. Preparar um ambiente no qual o comprador perceba quão importante ele é para a empresa.
3. Manter um bom canal de comunicação com o comprador, a fim de facilitar as próximas vendas.

> **EXEMPLO**
>
> O Grupo Itavema, maior grupo de concessionárias da América Latina, com mais de 55 lojas multimarcas, faz história desde 1969 no desenvolvimento de seus produtos e serviços, concentrados principalmente em São Paulo e no Rio de Janeiro. Eles possuem uma equipe de 7 mil profissionais e vendem mais de 86 mil veículos por ano. A empresa buscou inspiração na Auto Nation, a maior rede de concessionárias americana, dona de um faturamento anual superior a US$ 19 bilhões. Essas empresas só ganharam musculatura revendendo veículos usados que muitos compradores de carros novos dão como parte do pagamento. A Itavema oferece revisão completa em 150 itens e três meses de garantia nos veículos usados, que alcançam uma rentabilidade superior à dos veículos novos; além disso, explora outras possibilidades de negócio, como o pós-venda, a reposição de peças e a central de serviços de manutenção.

Enfim, o pós-venda é uma ótima oportunidade para demonstrar que o vendedor realmente se importa com seus clientes, busca as melhores condições de vendas para eles, se interessa verdadeiramente por suas necessidades e não vai abandoná-los após atender aos interesses da empresa vendedora.

Papel do vendedor

O papel estratégico do profissional de vendas envolve a comercialização de produtos e o acompanhamento de toda a cadeia de abastecimento até que o cliente esteja plenamente satisfeito com sua compra. Para conseguir cumprir esse papel, o vendedor precisa:

- vender sua própria imagem como pessoa idônea e intermediária entre o cliente e a empresa;
- desenvolver uma boa imagem da empresa vendedora;
- oferecer os melhores produtos e valorizar cada atributo destes;
- mostrar ao comprador os serviços adicionais que receberá como suporte após a compra, para garantir-lhe mais tranquilidade.

Esse papel é mais completo, pois o cliente está mais exigente e ciente de seus direitos. Além disso, há o aumento do número de concorrentes, que contribui para que todos busquem diferenciais de mercado.

O comprador precisa perceber o vendedor como seu aliado, como um consultor de vendas imparcial e independente, um conselheiro confiável para ajudá-lo a tomar decisões, ou seja, como a pessoa que deve estar comprometida com os resultados do negócio do cliente. Nesse contexto, o processo de vendas é uma consequência natural e automática do bom resultado global do cliente.

O papel do vendedor demanda um relacionamento muito mais próximo com o comprador e também o desenvolvimento de muitas tarefas adicionais. Obviamente, esse papel exige do profissional maiores habilidades, pois ele deverá ajudar no desenvolvimento da previsão de vendas, para que não ocorra falta ou excesso de estoques, na programação de compras para períodos maiores, na política de vendas para cada cliente – orientar cada um sobre o preço final do produto, saber a melhor forma de apresentar o produto etc. –, na aplicação do conceito de *merchandising* e nas promoções.

A distribuição estruturada e organizada aumenta a complexidade do trabalho e o vendedor conquista maior abrangência nos negócios com o cliente, por negociar com diferentes níveis da organização. Por fim, com a evolução do autosserviço, o vendedor torna-se um especialista em técnicas de administração de espaço e vendas e valoriza o produto junto ao consumidor como forma de ampliar a participação de seus produtos nos negócios do cliente.

Com as análises das tendências de comportamento do consumidor, há mais chances de aumentar o volume de compras por impulso; o vendedor, por sua vez, orienta o ponto de venda para garantir que esse crescimento das vendas seja contínuo.

É muito comum perceber, em supermercados, a presença de promotores de vendas para fazer uma demonstração ou oferecer ao consumidor a degustação do produto, a fim de conhecer a reação desse consumidor, captar informações sobre o produto, persuadir o cliente e aumentar o resultado das vendas. O vendedor se torna corresponsável pelos resultados das vendas porque quanto mais vende, mais se aproxima de sua cota de vendas.

Em relação às características que redefinem o papel do vendedor, na perspectiva do mercado, podem-se observar:

- a especialização da função de vendas e a contribuição nas tarefas específicas, além da maximização da eficácia do seu trabalho;
- a coordenação de cada uma das ideias e o controle dos resultados;
- a visão do cliente final como seu próprio cliente, ou seja, a construção de uma responsabilidade conjunta pelos resultados obtidos;
- a integração das atividades de vendas e marketing;
- destaque do produto no ponto de venda;
- redefinição de tarefas que preveem a análise das exigências do consumidor.

As atividades inerentes à função de vendas podem ser divididas em:
- venda direta: caracteriza-se por análise e planejamento das atividades de vendas, negociação e conclusão do negócio, iniciativas de desenvolvimento dos clientes e aplicação das políticas da empresa;
- venda indireta: é caracterizada por assistência técnica, troca de produtos e consultoria aos clientes para a utilização correta dos produtos e para a resolução de problemas;
- atividade integrativa: caracteriza-se por ações administrativas, programação e administração das informações.

O vendedor precisa ter pleno conhecimento das características e dos benefícios do produto, da rentabilidade e dos valores que o diferenciam de seus concorrentes, da empresa, em relação a políticas e objetivos específicos, de cada cliente sob sua responsabilidade e do potencial de vendas da empresa.

As capacidades profissionais do vendedor devem ser suficientes para ele identificar e conquistar clientes potenciais, programar as vendas em função das potencialidades do cliente e de suas necessidades, obter pedidos, promover as vendas e colher dados como sensor de marketing no contato com o mercado. O vendedor deve ter um foco muito mais amplo do que apenas vender. É indispensável que ele consiga perceber a empresa-cliente, o produto, o comprador, e que esteja orientado para o mercado.

Orientação para o mercado

A empresa orientada para o mercado é aquela que procura adequar-se e atender às necessidades dos clientes em todos os aspectos.

As variáveis importantes para a elaboração do plano de vendas devem considerar as características da empresa-cliente que definem suas potencialidades, o sistema de compras, a sensibilidade dos diferentes elementos do *mix* de marketing e as táticas de venda, além do quadro competitivo, que expõe o tipo e o nível de competição existente.

É possível separar os clientes em duas categorias:

1. clientes com potenciais baixos, médios ou altos;
2. clientes com processos de compra sensíveis ao preço, ao valor do produto ou ao valor econômico do serviço.

Para atender adequadamente a cada uma dessas categorias de clientes, o vendedor tem de conhecer as habilidades que uma equipe de vendas deve desenvolver no dia a dia de suas vendas. Por outras palavras, um vendedor deve:

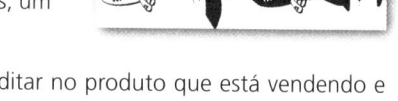

1. Ter controle, confiança e segurança, acreditar no produto que está vendendo e saber argumentar para que o comprador se sinta seguro e confiante.
2. Perseguir metas e objetivos, trabalhar para alcançar os objetivos da empresa e uma produtividade satisfatória.
3. Ter determinação e pensamento positivo, ser otimista, ter visão abrangente e certeza de aonde quer chegar com seus argumentos, além de muito entusiasmo.
4. Saber ouvir o cliente, deixar o cliente falar para identificar suas reais necessidades e oferecer-lhe o produto certo.
5. Evitar julgar o cliente, acreditar que cada cliente é único e atendê-lo de maneira personalizada.

6. Ter sempre uma conduta íntegra, apresentar argumentos concretos, nunca mentir para o cliente para conquistar sua confiança e envolvê-lo no processo de vendas.
7. Ter uma linguagem adequada ao público, falar de forma clara, prática e objetiva, ter a certeza de que o cliente entendeu perfeitamente seus argumentos, fazer perguntas a ele para certificar-se desse entendimento e, por fim, evitar a utilização de uma linguagem prolixa ou muito técnica se o cliente não for especialista no assunto.
8. Agregar valor ao produto e saber contornar as possíveis objeções dos clientes por meio da demonstração de todos os benefícios e diferenciais do produto.
9. Ter atenção com o cliente, estar atento ao pós-venda, porque o trabalho junto ao comprador deve ser contínuo, sempre com o objetivo de vender mais e personalizar o trabalho. Pode ser que ocorra alguma insatisfação com a utilização do produto por falta de treinamento para utilizá-lo, mas o vendedor pode corrigir rapidamente esse tipo de falha.
10. Estar atualizado com as novidades, estar abastecido com novas informações sobre o mercado, os concorrentes, as novas descobertas etc., pois isso vai facilitar a conversa com o cliente.
11. Assumir riscos e gostar de desafios, comemorar cada venda e cada conquista de um novo cliente. Manter-se automotivado e se envolver com os resultados finais da empresa-cliente.
12. Acompanhar os resultados financeiros e ter bons olhos para os desafios. É comum que nos departamentos de vendas haja competições para incentivar as vendas, esforçar-se para vencê-los e conquistar os prêmios.
13. Participar, periodicamente, de treinamentos técnicos sobre o produto, a fim de aperfeiçoar as demonstrações para os clientes.
14. Ter planejamento, preparar seu dia, pois um bom planejamento é fundamental para começar a semana de forma adequada; estabelecer um roteiro de visitas, um horário para transmitir os relatórios de vendas e um dia certo para reposição do seu material de vendas, por exemplo, *folders*, cartões, amostras do produto etc.

O verdadeiro vendedor é capaz de conquistar novos clientes, de transformar, de forma agradável, "não" em "sim" e problemas em soluções.

> **EXEMPLO**
>
> Fundada em 1934, no Japão, a montadora Nissan está presente em 190 países e, desde 2009, também no Brasil, ano em que vendeu mais de 3,5 milhões de carros e tornou-se conhecida pela qualidade e pela tecnologia de seus produtos. Sua orientação de foco no cliente estendeu-se tanto à engenharia e ao desenvolvimento dos produtos quanto aos processos de venda e marketing.
>
> A empresa não costumava pesquisar o que o consumidor queria encontrar nos carros; confiava no reconhecimento de quase 70 anos da marca no Japão e mais de 40 nos Estados Unidos. Por isso, teve de começar pelo básico: com pesquisas para identificar o público-alvo e os valores que precisariam ser transmitidos aos clientes. Foi assim que motores potentes e linhas esportivas mais agressivas, demandas dos consumidores americanos, começaram a sair das pranchetas.

Competir é antecipar-se às ideias e aos conceitos, ter foco no cliente e conquistá-lo de forma racional e emocional. O preço baixo não garante a fidelidade do cliente, e o principal diferencial é o bom atendimento.

Mencionar orientação para o mercado é o mesmo que afirmar que vendedores estão se esforçando para pensar como compradores. É preciso entender o que se passa na cabeça do comprador quando ele está envolvido no processo de compra, ou seja, perceber seu desejo de adquirir produtos ou serviços, seja por necessidade ou urgência, e de acordo com seu orçamento.

É necessário entender o padrão que o comprador utiliza para tomar decisões de compra em determinada situação, e isso pode ser percebido por meio de uma boa conversa, contato com vários compradores, percepção e experiência no segmento.

Relacionamento baseado em valor para o cliente

Benefícios adicionais para o cliente

No processo de venda de produtos ou serviços, a comercialização entre as empresas é baseada em *valor*. Este pode ser entendido como uma avaliação subjetiva dos benefícios recebidos em troca dos custos incorridos para escolher, adquirir, utilizar e descartar um produto ou serviço oferecido, considerando as ofertas e os preços da concorrência.

Um benefício é um "algo a mais" que o comprador do produto ou serviço ganha com a aquisição.

O benefício pode ter três variáveis:

- valor econômico – refere-se à relação entre preço e qualidade percebida, ou seja, se o comprador considerar similar a qualidade de produtos concorrentes, escolherá o mais barato por economia;
- valor funcional – refere-se às características tangíveis do produto (ou serviço), como atributos, *design*, utilização e durabilidade;
- valor psicológico – diz respeito às características intangíveis de um produto, como marca, confiança e reputação, além da própria experiência do consumidor com o produto.

O custo mais comum é o preço do produto, que inclui impostos ou despesas adicionais, por exemplo, serviços de entrega, despachante, instalação etc. Já para o cliente, os custos significam tudo de que ele deve abrir mão para obter os benefícios oferecidos pela organização.

Existem custos considerados **não monetários** – o tempo e o esforço despendidos para encontrar e comprar os produtos desejados – que estão diretamente relacionados às atividades de distribuição da organização.

As lojas de conveniência oferecem valor aos clientes ao reduzir custos não monetários (tempo e esforço) e aumentar os preços dos produtos. Muitos clientes valorizam mais a redução de tempo e esforço do que o dinheiro. Por exemplo, um litro de leite comprado em uma dessas lojas é mais caro do que outro comprado em um grande supermercado, mas este costuma ter filas de espera e consumir o tempo do cliente, pode não ficar aberto 24h e ainda ser distante, bem diferente de uma loja de conveniência.

> **EXEMPLO**
>
> A Sadia apostou na conveniência ao lançar o **hot pocket**. Popular nos Estados Unidos há mais de 20 anos, ele é prático e já vem pronto; basta aquecer no forno de micro-ondas. A campanha publicitária foi focada no público jovem (entre 15 e 40 anos) de alto poder aquisitivo, devido à praticidade e ao interesse da Sadia em reforçar sua atuação nos canais de distribuição em que sua presença ainda não era destacada, como em lojas de conveniência, lanchonetes de escolas e faculdades.

O conceito de valor não pode ser confundido com o de preço: este é o custo financeiro de um bem para sua aquisição; aquele se refere à funcionalidade do bem, é uma comparação psicológica, subjetiva, com seu preço. Um indivíduo só se dispõe a comprar se o preço do produto ou serviço for igual ao valor estipulado pelo seu inconsciente, ou se estiver abaixo desse valor, com base na funcionalidade do produto para uso próprio.

Interesses dos compradores

Os vendedores que conhecem os compradores e seus interesses terão muito mais facilidade para lhes apresentar uma proposta condizente com suas expectativas; por isso, merecem destaque dois tipos de compradores:

1. De transação: buscam sua satisfação com compras, estímulos e valores imediatos; preocupam-se com as características do produto ou serviço; o preço é prioritário na decisão; buscam sempre o menor preço e facilidades de pagamento; o prazo de entrega também é fundamental para a tomada de decisão.

   Provavelmente, a maioria dos compradores encontra-se nesse grupo, em função da cobrança de suas próprias empresas para que apresentem resultados e boas margens na comercialização dos produtos ou serviços com os clientes. Nessa modalidade, a fidelidade ao vendedor é muito pequena e pouco provável, pois não existe esse tipo de preocupação.

2. De relação: valorizam a capacidade do fornecedor de prestar orientações técnicas para garantir a entrega e as funcionalidades do produto ou serviço, além de instalação e utilização do que será comprado; buscam vendedores ou empresas fornecedoras que os ajudem a garantir sua sobrevivência, que sejam confiáveis, previsíveis, tenham credibilidade, capacidade e reputação comprovadas para garantir a efetiva entrega do produto ou serviço nas condições mais adequadas, bem como a continuidade dos serviços; desejam estabilidade e previsibilidade, já que suas preocupações são mais abrangentes.

A primeira etapa do processo de compra é a certificação e a análise detalhada do fornecedor. Essa prática é adotada nas grandes empresas – por exemplo, petrolíferas, indústrias automobilísticas, siderúrgicas etc. –, principalmente naquelas que são certificadas e trabalham com o processo de qualidade total. É óbvio que, após a certificação de vários fornecedores, haverá concorrência de preços e, desde que esses fornecedores sejam confiáveis, serão adotados os melhores acordos comerciais.

> **Os clientes de transação valorizam o chamado "PPP" (produto, preço e prazo de entrega). Os clientes de relação, além do "PPP", valorizam a estabilidade e a previsibilidade do fornecedor, sua estratégia de marketing e sua capacidade de oferecer orientação técnica e serviços complementares.**

A oferta e a abordagem de marketing e vendas devem corresponder ao estilo de compra do cliente. Assim, para os de transação, a empresa deve adequar sua oferta: ter um critério de julgamento cuidadoso ao determinar os recursos a investir e evitar fazê-lo se as vendas não forem lucrativas, pois o objetivo é garantir negócios futuros.

O ideal é que a empresa consiga mesclar sua carteira de clientes e ter compradores interessados em preços, com vendas rápidas e imediatas e retorno do investimento no curto prazo, além de ter relações mais duradouras, com prazo maior para as negociações, valores mais elevados e melhor margem de lucratividade.

É possível fazer a transição do modelo de negociação entre fornecedores e compradores, mas não é um processo tão fácil e imediato porque também envolve a relação cultural das empresas com o mercado. Nessa avaliação, é necessário medir os custos de troca (mudança) e os benefícios do novo sistema. O custo de troca é o preço que o comprador vai pagar para trocar de fornecedor – é preço porque a troca pode envolver valores financeiros tangíveis e intangíveis.

Se o fornecedor deseja que um comprador com tendências ao estilo de relação mude para o estilo de transação, em que conseguirá vender produtos a ele, é preciso minimizar os custos de troca; para isso, o fornecedor pode: isentar o comprador das primeiras mensalidades, adquirir, como forma de pagamento, os produtos que o comprador deseja substituir, conceder ao comprador a redução de carências, quitar multas contratuais, adquirir equipamentos ou *softwares* antigos como parte do pagamento etc.

EXEMPLO

Um bom exemplo é um contrato de telefonia móvel com prazo de 18 meses de duração. Trata-se de um contrato baseado no estilo "de relação"; nada impede que um concorrente ofereça novos aparelhos, pagamento de multas e verbas adicionais para que o cliente migre para outra operadora.

Se o objetivo do fornecedor é convencer o comprador a sair de uma relação baseada em transação para uma de relação, é importante maximizar os custos de troca e os benefícios, fazer com que a decisão de compra seja de alto risco e esteja sujeita a grandes perdas financeiras, corporativas e até pessoais. Um bom contrato com prazo de validade e multas rescisórias é a melhor forma de garantir uma relação duradoura com o comprador.

Produto

Conhecimento do produto

O produto ou serviço prestado constitui o resultado final de todas as operações internas da empresa que, como uma totalidade, trabalha para produzir determinado produto ou prestar determinado serviço. Quanto mais produtos ou serviços a empresa oferecer ao mercado, maiores serão suas possibilidades de venda.

> **CONCEITO-CHAVE**
>
> Produto é um conjunto de atributos, tangíveis ou intangíveis, concebido por meio do processo de produção, para atendimento de necessidades reais ou simbólicas, que pode ser negociado no mercado, mediante determinado valor de troca, quando, então, se converte em mercadoria, ou seja, o produto é concebido por uma fábrica, mas, quando transferido para o comércio, passa a chamar-se *mercadoria*.

São aspectos tangíveis do produto: o tamanho, a durabilidade, a cor, o modelo, o peso, a embalagem, a rotulagem, a limpeza, a variedade, a personalização e o *design*. São aspectos intangíveis: a qualidade, a reputação, o posicionamento (marketing), a marca, a instalação, o pós-venda, as informações (instruções), a manutenção, as garantias, as devoluções, a imagem e o *status*.

Os componentes principais de um produto são: marca, logotipo, embalagem, qualidade e preço.

> **CONCEITO-CHAVE**
>
> A marca é um nome, sinal ou desenho que identifica o produto ou serviço de uma empresa e serve para diferenciá-lo dos produtos ou serviços dos concorrentes.

> **EXEMPLO**
>
> Algumas marcas foram tão profundamente assimiladas que o produto passou a ser conhecido e identificado por elas, e não pelo próprio nome. É o caso da lâmina de barbear Gillette, que, independentemente do fabricante, tem o mesmo nome para as pessoas. Da mesma maneira, a palha de aço Bombril e a reprografia Xerox foram comercializadas por fabricantes que investiram muito na valorização dessas marcas.

> **CONCEITO-CHAVE**
>
> A embalagem é o invólucro que protege e guarda o produto, mas também pode influenciar a decisão de compra, pois sua imagem pode transmitir aos consumidores confiança, praticidade, economia etc.

A percepção da qualidade dos produtos vai variar entre os consumidores, pois, geralmente, é uma mensuração pessoal e subjetiva.

> **CONCEITO-CHAVE**
>
> O preço é a estimativa que o vendedor faz a respeito do valor que todo esse conjunto tem para os compradores potenciais, considerando a comparação com os produtos oferecidos pelos concorrentes.

O vendedor precisa dominar todos os detalhes do produto ou serviço que vende, e isso significa que ele precisa receber treinamento adequado para que possa esclarecer todas as dúvidas do comprador, acreditar no produto e transmitir confiança, além de desenvolver argumentos convincentes. O vendedor deve conhecer o mercado no qual atua, seus concorrentes e os produtos similares.

O conhecimento do produto, ou serviço, abrange todas as etapas: desenvolvimento do produto; criação do produto; processo de fabricação – matéria-prima, tempo de produção, custos etc. –; controle de qualidade; aplicação e utilização do produto; dados de desempenho – velocidade máxima, duração da bateria, tempo necessário para execução das tarefas etc. –; manutenção, vida útil, reparos, garantias etc.; preço, prazo e condições de entrega.

As estratégias para o desenvolvimento de novos produtos podem ser de quatro tipos:

1. Ofensivas – adotadas por empresas que querem manter a liderança no mercado; exigem investimento em pesquisa e desenvolvimento. A Volkswagen pesquisou durante 10 anos para lançar, em 2003, o Gol bicombustível e assumir a liderança no mercado com um produto inovador.

2. Defensivas – adotadas por empresas que seguem as empresas líderes. Diminuem, portanto, os custos com desenvolvimento e a empresa não corre o risco de entrar em novos mercados com resultados incertos. Todas as montadoras de veículos no Brasil, a partir de 2004, começaram a lançar o veículo bicombustível, pois já havia um referencial no mercado.

3. Tradicionais – adotadas por empresas que atuam em mercados estáveis, sem grande demanda por mudanças. Um bom exemplo são as empresas fabricantes de algumas peças ou equipamentos que não sofrem modificações, como o hidrômetro, que é instalado para medir o consumo de água potável em residências e empresas. Trata-se de um produto que, praticamente, não sofre modificações.

4. *Dependentes* – adotadas por empresas que não têm autonomia para lançar seus próprios produtos. Isso ocorre com subsidiárias ou empresas que produzem para outras (terceirização). Esse é o caso de muitas empresas multinacionais que possuem filiais no Brasil e precisam de autorização da matriz para qualquer fato diferente da rotina.

Conhecimento da empresa

Uma empresa é um conjunto organizado de meios voltado para uma atividade particular, que produz e oferece bens e/ou serviços com o objetivo de atender a alguma necessidade humana. O lucro, na visão moderna das empresas privadas, é consequência do processo produtivo, como também o é o retorno esperado pelos investidores.

No Brasil, existem mais de 6,6 milhões de empresas formais; dessas, 99% são micro e pequenas empresas. Estas, muitas vezes, precisam de melhores condições de pagamento, prazos maiores e maior quantidade de parcelas, pois isso facilita vender produtos ou matéria-prima para outros empresários.

As necessidades humanas, desde roupas, alimentos, habitação, transportes, lazer etc., são satisfeitas pelas organizações. Entre elas, destacam-se as empresas que estão voltadas para produção e disponibilização dessa produção no mercado, uma vez que a atividade de cada empresa é produzir algum produto ou prestar serviços e oferecer ao mercado esse resultado.

Cada empresa se dedica a um negócio diferente, e negócio é intercâmbio, é uma troca efetuada formalmente, por meio de um pedido, de um contrato, para atender aos interesses do comprador e do consumidor final.

O histórico da empresa pode contribuir significativamente para sua credibilidade e a dos produtos ou serviços comercializados.

O vendedor precisa conhecer o passado da empresa, o presente, os planos futuros, a cultura organizacional, o organograma, e contar com uma estrutura de suporte para que ele possa resolver possíveis problemas dos clientes.

A busca da sobrevivência e da perpetuação da empresa depende da atuação do vendedor, pois ele tem contato direto com os clientes, representa a empresa, realiza as negociações e as vendas, gera receita e mantém o relacionamento com os clientes. Naturalmente a atividade principal do vendedor deve ser o cumprimento da missão econômica e social da organização que ele representa.

O vendedor tem um papel muito importante, e é imprescindível manter uma filosofia de atuação ou crença que oriente o trabalho da equipe de vendas. O desenvolvimento dessa filosofia de vendas deve abranger a parceria do vendedor com os objetivos estratégicos e com os clientes, para ajudá-los a resolver problemas e a tomar decisões importantes.

A empresa também deve ter a preocupação de conhecer seus vendedores e entender suas dificuldades, conhecer seu potencial de vendas, verificar se possuem as ferramentas e o material adequado para as vendas, acompanhar sua produção e suas metas, medir o nível de satisfação desses profissionais para que eles possam desempenhar adequadamente seu trabalho. O vendedor é quem está, efetivamente, em contato com os clientes; se estiver insatisfeito, pode causar grandes prejuízos à empresa.

Um dos principais riscos é vender o produto e não receber o pagamento. Como o vendedor é um dos principais responsáveis por seus clientes, precisa ter muito cuidado ao avaliá-los, pois não basta vender, é preciso receber. A falência, "quebra" ou "bancarrota" é uma situação jurídica em que a empresa fica impossibilitada de honrar suas obrigações junto aos credores porque o valor de suas dívidas (passivo) é superior ao valor de seu patrimônio (ativo).

Quando, por decisão judicial, a empresa devedora tem sua falência declarada ou decretada, instaura-se o concurso de credores, ocasião em que estes promovem a cobrança dos seus respectivos créditos, classificados conforme a ordem de preferência ou privilégio definida em lei. Desse modo, os mais privilegiados recebem primeiro seus créditos, e assim sucessivamente, enquanto houver patrimônio.

Desenvolvimento de novos produtos

O consumidor deseja novidades, e as empresas buscam novas ideias para transformá-las em produtos ou serviços para que consigam manter e, sobretudo, aumentar o nível de vendas. Essas ideias exigem recursos humanos, financeiros e tecnológicos, de modo que o primeiro passo para a criação é a pesquisa de mercado e desenvolvimento, na busca de aplicações práticas no campo dos negócios.

Um produto é considerado realmente novo quando apresenta alguma inovação, e essa, algumas vezes, leva tempo até que seja realmente aceita. Facilita bastante se o consumidor percebe vantagens ou benefícios no produto.

O novo produto ou serviço passa por estágios em que o consumidor:

- toma conhecimento da inovação, mas necessita de mais informações – conhecimento;
- é estimulado a aproximar-se da inovação para conhecê-la melhor – interesse;
- considera que faria sentido experimentar a inovação – avaliação;
- experimenta a inovação em pequena escala para avaliar seu valor – experimentação;

- decide tornar-se um usuário regular da inovação – aceitação.

As pessoas são diferentes em suas decisões de experimentar novos produtos. Uns consumidores são mais rápidos e têm mais iniciativa do que outros, por exemplo. A aceitação do produto será influenciada por vantagens que apresente ao consumidor, compatibilidade com os desejos deste e facilidade em sua utilização.

> **EXEMPLO**
> A 3M foi fundada em 1902, nos Estados Unidos, possui vendas globais em quase 200 países que superam US$ 23 bilhões anuais, com cerca de 75.000 funcionários no mundo todo, produz milhares de produtos de cuidados com saúde, segurança no tráfego, de escritório, abrasivos e adesivos. O sucesso da companhia no lançamento de novos produtos é porque oferece vantagens e facilidades ao consumidor na utilização de suas inovações.

A empresa, ao buscar a inovação de um produto em determinado mercado, deve seguir algumas etapas, como:
- avaliação do posicionamento interno e externo – a empresa deve verificar se os produtos estão compatíveis com os objetivos corporativos, analisar suas próprias forças e recursos, especificar o posicionamento do produto e pesquisar o cenário para o novo produto;
- pesquisa de viabilidade – é fundamental verificar as técnicas de mercado e a integração delas com seus negócios atuais em termos de recursos necessários – por exemplo, tempo, custos, mão de obra e potencialidades comerciais;
- desenvolvimento do produto – inclui o desenvolvimento técnico, a estimativa de custos de planejamento e produção do novo produto, a previsão de mercado, os vários planos de marketing e o ponto de equilíbrio da produção;
- teste de marketing – nessa etapa, o produto é enviado para teste em determinado mercado, representativo do universo em que será comercializado.

A empresa deve se prevenir de todas as formas possíveis e seguir todas as etapas para evitar o fracasso do produto no mercado. Uma pesquisa realizada pelo National Industrial Conference Board, nos Estados Unidos, mostrou que a inadequação da análise de mercado responde por 32% dos fracassos no lançamento de novos produtos. O fracasso é o maior receio das empresas que lançam novos produtos ou serviços.

Estratégia e função de vendas

Papel da função de vendas na estratégia corporativa

O gerente de vendas, em seu processo decisório, deve formular as estratégias de vendas com base na análise do estágio em que o produto ou serviço se encontra no modelo do ciclo de vida.

O modelo do ciclo de vida do produto é muito utilizado como ferramenta para decisões estratégicas. Segundo esse modelo, um produto percorre cinco fases distintas ao longo de sua presença no mercado: desenvolvimento, introdução, crescimento, maturidade e declínio. Em cada fase do ciclo de vida do produto, as vendas e os lucros evoluem de modo distinto, o que implica a adoção de estratégias de vendas distintas para cada fase.

A fase de desenvolvimento do produto envolve a criação e o desenvolvimento da oferta. Nessa fase, a estratégia de vendas inclui participar do comitê de pesquisa e desenvolvimento para sugerir mudanças ou adaptações na configuração do conceito do próprio produto. Cabe destacar que os custos de pesquisa e desenvolvimento são elevados.

A fase de introdução envolve o lançamento de um novo produto no mercado. A produção ainda está com baixa escala e os lucros ainda não podem ser apurados devido aos elevados custos de desenvolvimento do produto e ao ritmo ainda lento de produção. Nessa fase, a estratégia de vendas inclui estruturar uma equipe de vendas altamente preparada para divulgar ostensivamente o produto nos mercados-alvo e fazer com que os clientes o experimentem e o adotem.

A estratégia corporativa é formulada para determinar a missão da empresa, o portfólio de negócios e a futura direção de crescimento para a empresa como um todo. As estratégias ligadas aos desafios da empresa precisam de capital, recursos humanos, matéria-prima, tecnologia e informações – base para que as estratégias formuladas sejam bem-sucedidas. Nenhum plano estratégico pode desconsiderar um sistema de informações elaborado que permita tomar decisões assertivas, selecionar clientes de interesse e produtos adequados para oferecer a esses clientes.

EXEMPLO

A Cooperativa Agrícola Mista Itaquiense Camil, que iniciou suas atividades em 1963 na forma de cooperativa no Rio Grande do Sul, exporta para mais de 60 países e faturou R$ 1,7 bilhão, em 2009, com a comercialização de arroz, feijão e grãos especiais. A empresa planeja adotar como estratégia de crescimento o lançamento de novos produtos, a aquisição de novas marcas e a expansão geográfica no Brasil, com aumento do número de filiais para aumentar suas vendas.

Uma estratégia de negócios é tipicamente constituída de múltiplos produtos para atender a diferentes mercados. Cada combinação produto/mercado requer uma estratégia específica de marketing e vendas, e cada estratégia precisa ser definida para determinado segmento-alvo de mercado, sem desconsiderar o esforço do composto de marketing para cada segmento.

A estratégia deve prover o direcionamento para os múltiplos produtos ou serviços da empresa, que se destinam a vários mercados. O processo de desenvolvimento da estratégia de vendas deve:

- analisar o desempenho organizacional e identificar ameaças e oportunidades;
- definir a missão e os objetivos organizacionais;
- determinar as unidades de negócios e estabelecer metas para cada uma delas;
- especificar direções para o crescimento da empresa.

A estratégia organizacional deve ser elaborada cuidadosamente para gerar resultados; precisa ser implantada, avaliada e controlada segundo a óptica do plano estratégico corporativo.

Estratégias de vendas

A cultura organizacional é importante para o desenvolvimento de estratégias, pois há evidências que sugerem uma associação entre estratégias bem-sucedidas e culturas fortes. A empresa deve adotar estratégias que sejam plenamente compatíveis com a cultura organizacional.

As equipes de vendas e marketing são responsáveis pelas decisões estratégicas relacionadas aos clientes. O produto deve se adequar às necessidades do mercado, e os vendedores são os principais responsáveis pela captação de informações sobre os desejos e as necessidades dos consumidores.

O bom vendedor deve proporcionar a cada cliente um atendimento personalizado e se preocupar em propor soluções para os problemas. O vendedor atua, muitas vezes, como um consultor de negócios e constrói uma relação de confiança com o comprador.

O vendedor deve prover produtos ou serviços com qualidade, custos compatíveis, prazos de entrega e pagamento combinados e em condições solicitadas pelos clientes. Desse modo, ambas as partes conseguem atingir seus objetivos e ter os ganhos esperados, além da continuidade no atendimento.

O plano de vendas é o documento que identifica os objetivos, as metas de vendas da empresa e suas respectivas estratégias em relação ao mercado-alvo. Esse plano inclui a formalização dos detalhes do processo decisório do gerente de vendas e representa o resultado de muito raciocínio e coordenação de pessoas, recursos financeiros e materiais; seu foco central é a verdadeira satisfação do cliente e, em consequência, a geração de resultados financeiros positivos para a empresa e para a sociedade como um todo.

> **EXEMPLO**
>
> A Unilever, fundada no século XIX, na Inglaterra, é uma das maiores na área de alimentos, higiene e beleza. A Unilever está presente em mais de 150 países, tem 163 mil funcionários em todo o mundo, possui 12 fábricas no Brasil que produzem mais de 25 marcas diferentes e, a cada dia, implementa novas estratégias de vendas. A mais nova estratégia é alcançar 36 milhões de brasileiros que serão alçados à classe média, e para isso pretende lançar novos produtos, reposicionar suas marcas e implantar novas embalagens para conquistar esses consumidores.

Não existe um formato universal ou único para elaborar um plano de vendas; cada empresa deve formatá-lo de acordo com suas particularidades. Atualmente, a tendência tem sido a elaboração de planos sintéticos, objetivos, simples, práticos e de baixo custo.

A seguir, identifica-se uma proposta de formatação de um plano de vendas:

1. Identificação da empresa, das unidades estratégicas de negócios e das respectivas atividades.
2. Análise do mercado: breve evolução histórica, situação atual e tendências.
3. Análise da empresa: breve evolução histórica, situação atual, recursos, capacidades e competências essenciais e tendências.
4. Identificação dos produtos: especificação individual e detalhada e posicionamento estratégico de valor de cada produto.
5. Política de preços dos produtos: especificação individual e detalhada.
6. Política de distribuição: identificação dos canais.
7. Política de comunicação integrada de marketing: ações de propaganda, relações públicas, promoção de vendas e *merchandising*.
8. Missão da área de vendas.
9. Objetivos de vendas: gerais e específicos por produto.
10. Estratégias de vendas: gerais e específicas por produto.
11. Implementação das ações de vendas:
    a) ordenação da estrutura organizacional de vendas;
    b) direção da equipe de vendas.
12. Orçamento e previsão dos resultados financeiros de vendas.

Vendas e distribuição

Canais de distribuição

O gerente de vendas também está envolvido com a distribuição, pois não adianta vender e não entregar o produto ou serviço ao cliente no prazo acordado e nas demais condições combinadas. A falha na área de distribuição pode contribuir para que a compra seja cancelada, e o vendedor deve acompanhar todas as etapas para garantir que não haja nenhum imprevisto.

> **CONCEITO-CHAVE**
>
> Ter bons canais de distribuição significa entregar os produtos ao cliente no local certo, na quantidade combinada, com as características pretendidas, no momento exato e com os serviços necessários à sua venda.

A política de distribuição foi, durante décadas, menosprezada pela indústria tradicional, segundo uma orientação que não compreendeu que, perante uma economia de excesso de oferta, os canais de distribuição desempenham um papel de filtro e, muitas vezes, de sucesso, relativamente à chegada dos produtos aos clientes. Apenas nos últimos anos, com a procura de um novo modelo de desenvolvimento econômico por parte da indústria tradicional e com a criação de marcas, é que se constatou a importância da distribuição.

A distribuição é bastante abrangente, e a logística tornou-se muito importante depois do advento das vendas pela internet e da estabilização da moeda. Isso porque os empresários observaram as possibilidades de ganhos financeiros e a redução de despesas nessa área. Esse assunto inclui os vários caminhos que o produto segue do produtor até o consumidor, bem como as decisões sobre transporte, armazenagem, localização dos depósitos, filiais, estoques, processamento de pedidos etc.

O comprador analisa os fatores relacionados à logística para tomar decisões sobre a aquisição dos produtos, e isso vai graduar sua satisfação com o fornecedor.

A distribuição também proporciona economia de tempo ao comprador. O tempo tem sido elemento valorizado nas decisões estratégicas de muitas empresas; os produtos precisam estar disponíveis para os clientes no momento certo e na época do ano em que devem consumi-lo. Isso é muito comum em relação a roupas, pois quando muda a estação, a cada três meses, as lojas alteram todo o seu sortimento. É muito difícil, por exemplo, encontrar casacos disponíveis para venda nas lojas durante o verão, pois essa estação requer roupas mais leves.

Fatores que afetam as decisões sobre canais de distribuição

Um produto com preço muito elevado, direcionado ao consumidor "classe A" com o objetivo de proporcionar *status*, também deverá seguir um canal mais curto, com o propósito de limitar sua distribuição e valorizá-lo, ao passo que um produto mais popular, dirigido ao grande público, poderá seguir um canal de distribuição mais longo, com vários intermediários, devido à sua massificação.

Um produto que seja perecível deve seguir um caminho mais curto, pois se ficar muito tempo armazenado ou passar de intermediário para intermediário poderá chegar deteriorado ao consumidor final.

A análise das características do produto é um dos primeiros requisitos para determinar o tipo de canal. Outros elementos constantes dessa análise são: reposição de compra, quantidades compradas etc.

Basicamente são quatro as principais decisões estratégicas relativas ao transporte:

1. Escolha de modais – a escolha de modais envolve a decisão sobre os meios de transporte mais adequados – rodoviário, marítimo, ferroviário, aeroviário, dutoviário, eletrônico.

2. Decisões sobre propriedade da frota – é importante que as empresas decidam sobre a aquisição de veículos próprios ou a terceirização das entregas – contratação de transportadoras. Na maioria das vezes, quando a empresa tem um grande volume de entregas concentrado em uma única cidade, compensa ter uma frota própria. Ter contrato com transportadoras é fundamental quando se trata da distribuição para várias cidades ou estados, pois a agilidade e o custo são mais interessantes.

3. Seleção e negociação com transportadores – os contratos com as transportadoras devem ser negociados pela direção da empresa, pois geralmente envolvem valores muito elevados. Além disso, é preciso cuidado na escolha de uma transportadora confiável e que tenha mecanismos de segurança para garantir a integridade da carga até seu destino. A transportadora e a empresa devem ter um sistema de recuperação de falhas para casos de sinistro e roubo de carga, porque o comprador está contando com os produtos em determinado prazo, e a empresa não pode deixar falhas para não comprometer a credibilidade da área de vendas.

4. Política de consolidação de cargas – algumas negociações, para reduzir o custo do frete, envolvem selecionar as transportadoras que tenham mais cargas para determinada região e combinar prazos para que sejam acumuladas cargas de outras empresas. Se não são muitos produtos, vale a pena, pois do contrário o custo de enviar pequenas quantidades para certa região poderá ser maior do que o custo dos próprios produtos.

Essas negociações e critérios de atuação da transportadora devem ser descritos no contrato de prestação de serviços para evitar problemas entre as empresas e a consequente perda de credibilidade dos vendedores junto aos compradores.

Outro fator relevante é que a transportadora tenha armazéns em cada uma das filiais ou regiões de atendimento, pois o fornecedor pode enviar uma mercadoria para outra região e o comprador, eventualmente, não ter espaço suficiente para receber e armazenar a quantidade total de produtos até que sejam vendidos.

Intensidade da distribuição

A distribuição pode ser classificada como:
- intensiva – a empresa deseja distribuir para um número máximo de consumidores;
- seletiva – os distribuidores são escolhidos com base em determinados critérios;
- exclusiva – existem fabricantes que concedem contratos de exclusividade para que seus revendedores distribuam seus produtos em certa região.

O transporte refere-se ao movimento das matérias-primas até o consumidor final, passando por todas as etapas da cadeia logística. Os transportes mais rápidos, como os aviões, têm um grande poder de resposta, mas são mais caros, ao contrário dos meios de transporte mais lentos, como barcos ou comboios, que têm um custo mais baixo, mas menor capacidade de resposta.

> **CONCEITO-CHAVE**
>
> **Capacidade de resposta**
> Velocidade das entregas de mercadorias em atender às solicitações de movimentação de transporte.

A área de vendas precisa ter pleno domínio das distâncias entre a fábrica de sua empresa e os locais de destino das mercadorias, e saber:
- qual o melhor meio de transporte, o melhor custo e o melhor prazo para o comprador;
- quais as alternativas disponíveis, se o comprador tem urgência ou deseja um custo menor;
- se vai vender e incluir os custos de entrega (CIF = *cost, insurance and freight*) ou se o transporte será por conta do local de destino (FOB – *free on board*).

Segue uma descrição dos principais meios de transporte básicos que uma companhia pode escolher:

- marítimo – esse tipo de transporte é um dos mais lentos, entretanto seu custo é tão reduzido que as entregas internacionais, geralmente, são enviadas por essa modalidade;
- ferroviário – esse tipo de transporte também tem um custo reduzido, mas, ao mesmo tempo, é considerado lento (no Brasil). O grande problema é que, no Brasil, são poucas as linhas férreas em boas condições e, ainda assim, não atravessam todo o país;
- rodoviário – caminhões, veículos de carga e motocicletas são relativamente rápidos e conseguem chegar a quase todos os lugares. Mais de 60% das empresas optam por essa modalidade;
- aéreo – avião é um transporte muito rápido e tem uma boa capacidade de resposta. É a modalidade com custo mais elevado e ainda tem restrições relativas ao peso dos produtos;
- eletrônico – é o meio de transporte mais rápido, bastante flexível e com um custo eficiente. No entanto, só pode ser utilizado para a movimentação de certos produtos, como energia elétrica e produtos compostos por dados – por exemplo, *software*, vídeos, músicas, fotografias e textos;
- dutoviário – é o meio de transporte utilizado para conduzir produtos líquidos ou gasosos; seu custo é alto, mas, em compensação, possui um custo de manutenção baixo. São exemplos: dutos de água e esgoto, dutos de gás, dutos de petróleo bruto da extração até a refinaria e dutos com alimentos, dentro das fábricas.

Vendedores e compradores precisam combinar as melhores opções, rotas e redes para a movimentação dos produtos.

Vantagens do uso de canal de distribuição

A maior vantagem de utilizar terceirizados, representantes ou transportadoras na distribuição é que esses intermediários aumentam os contatos da empresa e ampliam suas possibilidades de oferecer melhor atendimento aos clientes.

Existe um grande número de canais disponíveis. Vejamos alguns deles:

- venda direta ao cliente via e-mail, telefone ou internet;
- representantes comerciais vendem diretamente em nome dos fabricantes;
- distribuidores geralmente vendem aos atacadistas;
- varejistas, chamados de *comerciantes*, vendem aos consumidores finais.

Vejamos algumas das principais vantagens de utilizar intermediários nas distribuições:
- fornecem, no início dos negócios, na abertura da empresa, o apoio de especialistas que já estão consolidados no mercado e podem ajudar nas vendas porque levam sua [deles] carteira de clientes e aceleram o ritmo dos negócios;
- evitam a entrada em mercados sem potencial de vendas, pois esses intermediários já conhecem os melhores caminhos e evitam o desperdício de recursos ou investimentos em mercados com pouca possibilidade de fechar novos negócios;
- abrem os mercados de exportação, por meio de sua rede de contatos;
- fornecem oportunidade de testar a aceitação dos produtos nos mercados, com clientes escolhidos e a custos baixos;
- permitem o pagamento imediato dos produtos, sem que a empresa tenha de esperar pelo comprador final;
- atraem um sistema mais forte de distribuição, por meio do fornecimento de uma linha variada de produtos complementares e não concorrenciais da carteira de clientes dos intermediários;
- utilizam sua rede de influência para introduzir novas linhas de produtos, por meio de mercados diferentes dos cobertos pelo departamento de vendas;
- fornecem, em alguns casos, armazenamento nos mercados e serviços de venda.

Esses intermediários realizam certas tarefas necessárias para a venda de produtos ou serviços. Por isso, ao nomeá-los, o fabricante terceiriza algumas de suas funções para outras empresas.

Os distribuidores ficam com a propriedade do produto, assumem os riscos de crédito e encarregam-se de fazer chegar o produto aos potenciais consumidores. Eles desempenham o papel da equipe de vendas, ou seja, promovem, vendem, abrem créditos, efetuam recebimentos, armazenam produtos, prospectam o mercado, dão garantias aos compradores e podem prestar serviços de apoio. Os distribuidores podem, inclusive, formar uma rede de atendimento em um mercado externo, pois os custos são menores em relação aos custos próprios, visto que eles trabalham simultaneamente com outros fornecedores e conseguem diluir seus custos fixos.

Esses distribuidores assinam um contrato com a empresa por um período determinado. Nesse contrato, a redação deve ser detalhada, e os territórios de vendas e as formas de remuneração, além de outros detalhes, devem estar especificados.

Capítulo 3

Administração da força de vendas

O bom funcionamento de uma empresa depende de pessoas, matéria-prima, tempo, dinheiro, tecnologia, informação, instalações. Entretanto, nós reconhecemos que, na área de vendas, as pessoas são os recursos mais importantes e o grande diferencial, capaz de modificar resultados, aumentar a receita e a lucratividade das empresas.

Considerando esse papel fundamental das pessoas no processo de vendas, precisamos mencioná-las e dar destaque ao processo de recrutamento e seleção, à valorização do perfil profissional, ao dimensionamento adequado da equipe de vendedores e à preocupação com a boa recepção deles na empresa, sua integração e treinamento, para ter equipe motivada nas organizações.

A remuneração da equipe de vendas deve ser proporcional aos resultados esperados pela organização para que o vendedor tenha interesse na utilização de todas as técnicas de vendas e consiga atingir os melhores resultados possíveis.

A empresa deve manter um bom sistema de acompanhamento da equipe de vendas, verificando eventualmente a satisfação dos clientes e os resultados.

Tipo de trabalho e equipe de vendas

Organização da força de vendas

Uma organização é um conjunto de atividades que precisa de um grupo de pessoas para atingir determinado objetivo comum. A meta é organizar as atividades de modo que as pessoas envolvidas trabalhem juntas e produzam um resultado melhor do que produziriam individualmente.

Ainda existe o mito de que o "bom vendedor nasce pronto", mas hoje já se sabe que essa função de vendas pode ser aprendida ao longo do tempo e que a prática nessa função é obtida com a visitação a clientes.

Esse é um tipo de trabalho que requer algumas habilidades relacionadas, sobretudo, ao comportamento: empatia, paciência, persistência, capacidade de entendimento e de negociação, relacionamento interpessoal, inteligência emocional e carisma. Além disso, o profissional deve dedicar-se a conhecer o produto com todas as suas especificações.

Para garantir melhor atendimento aos clientes, é imprescindível que a força de vendas seja subdividida conforme algum critério de especialização das vendas. Os critérios mais comuns são:

- territórios geográficos – a divisão de responsabilidade por território geográfico é a forma mais utilizada;
- tipo de produto vendido – a especialização de uma força de vendas por tipo de produto vendido costuma ser utilizada quando a empresa vende produtos muito diferentes uns dos outros, de alta tecnologia ou em volumes gigantescos;
- categorias de clientes – a especialização por clientes pode ser feita com base em canais de distribuição ou segundo ramos de negócio;
- *mix* dessas categorias – a empresa pode utilizar mais de uma subdivisão, de acordo com a necessidade. É muito comum, por exemplo, que haja uma divisão geográfica e, em seguida, a divisão por produto ou porte da empresa que será atendida.

Na organização de uma força externa de vendas, as empresas fazem uso de quatro modelos organizacionais:

1. Gerenciamento nacional de clientes – as empresas podem utilizar uma força especializada de vendas ou uma equipe de executivos, ou, ainda, criar uma divisão especial, considerando que atendem a grandes e importantes clientes.
2. Vendas em equipe – modelo muito utilizado quando um cliente tem filiais espalhadas por todo o país e compras descentralizadas.
3. Forças de vendas independentes – são os intermediários no processo de vendas – por exemplo, atacadistas ou distribuidores, representantes comerciais, vendedores independentes etc., que recebem por comissão sobre as vendas realizadas.
4. Telemarketing – é utilizado, principalmente, para dar suporte à força de vendas, agendar as visitas, acompanhar os clientes e manter a base de dados com informações atualizadas.

É importante ressaltar que, independentemente da modalidade da força de vendas, o treinamento é essencial para garantir o conhecimento do produto ou serviço que está sendo comercializado. Além disso, deve-se considerar que a empresa também pode trabalhar com mais de uma dessas modalidades.

Tamanho da força de vendas

Existem vários critérios, que variam de uma empresa para outra, utilizados na estruturação da força de vendas. Os cálculos do número ótimo de vendedores variam também, contudo a maioria quantifica apenas alguns dos fatores que devem ser considerados na decisão de como devem ser vendidos os produtos da empresa.

Após a determinação dos territórios de vendas e do tipo de força de vendas, o próximo passo é definir a quantidade adequada de vendedores. Os métodos mais conhecidos são:

- Método da carga de visitação.
- Tempo gasto com uma visita.

O método da carga de visitação considera que os territórios e a quantidade de clientes já estejam mapeados e que já exista uma previsão financeira de vendas ou do número de visitas em função do potencial de compras de cada empresa – empresas maiores recebem mais visitas.

Esse método utiliza uma abordagem matemática, conhecida como Método Talley, e envolve o potencial de compra dos clientes, a frequência de visitas, o número de clientes e a capacidade dos vendedores de fazer visitas com base na aferição de desempenho de campo.

O método do tempo de duração de uma visita é o que considera a frequência mensal ideal de visitação e a avaliação do tempo real de vendas de um vendedor.

Veja-se sua aplicabilidade pela fórmula:

$$\text{N}^{\circ} \text{ de vendedores} = \{ca + cp\} \times fm \times td / tr$$

Onde:

- ca = n° de clientes atuais
- cp = n° de clientes potenciais
- fm = frequência mensal ideal de visitação
- td = tempo de duração de uma visita
- tr = avaliação do tempo de venda

> **EXEMPLO**
>
> Pode-se fazer uma suposição para calcular a equipe de vendas em determinada empresa:
>
> - nº de vendedores = ?
> - nº de clientes atuais = 80 empresas
> - nº de clientes potenciais = 40 empresas
> - frequência mensal ideal de visitação = quatro visitas por mês
> - tempo de duração de uma visita = 60 minutos (em média)
> - avaliação do tempo real de venda = 20 dias de trabalho x 8 horas diárias x 60 minutos = 9.600 minutos
>
> Aplicando-se essas informações à fórmula:
>
> - nº de vendedores = {80 + 40} x 4 x 60 / 20 x 8 x 60 = 9.600 minutos
> - nº de vendedores = 3 pessoas
>
> De acordo com essas informações, conclui-se que, para visitar 120 empresas, 4 vezes por mês, são necessários três vendedores.

Contratação da equipe

Seleção da força de vendas

A tarefa de seleção de uma força de vendas é um processo em cinco etapas:

1. Determinação do número necessário de pessoas e dos respectivos perfis – atribuição da gerência.
2. Divulgação da vaga para captar currículos e realizar posterior recrutamento.
3. Avaliação dos candidatos por meio de diferentes técnicas, testes e entrevistas.
4. Escolha do(s) candidato(s) mais adequado(s) ao contexto organizacional, ao tipo de produto que será comercializado, ao porte do cliente e à região na qual irá(ão) atuar.
5. Contratação do(s) candidato(s).

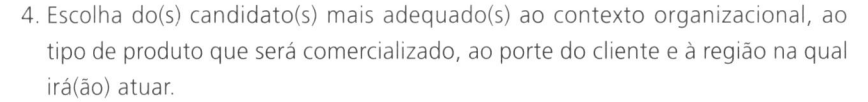

A empresa pode definir quantos candidatos serão contratados com base em vários critérios, entretanto esse número pode ser alterado a qualquer momento. O mais comum é definir a quantidade de vendedores de acordo com o histórico da empresa e as expectativas futuras de expansão e vendas.

Esse dimensionamento da intensidade com que será usada a força de vendas, em conjunto com outras variáveis de marketing, é essencial para que se consiga atingir o objetivo de vendas.

Vejamos alguns métodos, e suas respectivas descrições, que consideram os custos envolvidos e o nível de precisão exigido na definição do tamanho ideal de equipe:

- método da divisão de metas – o objetivo da organização é dividido pela produtividade de um vendedor mediano; dessa forma, os vendedores devem alcançar sua meta individualmente;
- método da divisão do trabalho – após classificar clientes em categorias, estima-se o número de visitas por categoria, o total, e, com base na capacidade de um vendedor, chega-se a um número suficiente de vendedores para que todas as visitas sejam realizadas;
- modelo de Lodish – é similar ao método da divisão do trabalho; no entanto, nesse modelo é inserida a elasticidade de visitas e vendas para refinar o cálculo e estimar o número preciso de visitas que pode maximizar as vendas;
- modelo de programação não linear – maximiza a lucratividade para tamanhos alternativos da força de vendas, levando em consideração custos, elasticidade de venda à vista e lucro gerado de tamanhos alternativos;
- método incremental – nesse modelo, vendedores devem ser adicionados desde que a receita gerada seja maior que o custo marginal e possa gerar lucros;
- método "repetição do último ano" – essa decisão assume que o nível deve ser mantido a fim de dar estabilidade à equipe;
- método comparativo com a concorrência – nesse modelo, copia-se o que é feito pela concorrência no que se refere a aumento e diminuição;
- método do recurso disponível – com base nos recursos de que a empresa dispõe para investir em vendas e no custo de um vendedor individual, é estimado o tamanho da equipe;
- método do lucro esperado – de acordo com a estrutura de custos e as margens almejadas, estima-se o custo de vendas como parte da margem para garantir a lucratividade esperada.

O responsável pela área de vendas deve definir o perfil do candidato ou a descrição do cargo, conforme a prática do mercado, ou, então, por meio da observação do histórico de vendas de sua atual equipe, isto é, da comparação entre os vendedores bem-sucedidos e os que não obtiveram êxito, com suas respectivas características.

A empresa deve identificar as fontes de recrutamento que podem lhe fornecer bons candidatos: anúncios em jornais, revistas, universidades, cursos especializados, anúncios na portaria, listas de emprego, consultorias especializadas, anúncios nas rádios, indicações de funcionários (principalmente da equipe de vendas), *hunting* em empresas concorrentes etc.

> **ELASTICIDADE DE VISITAS E VENDAS**
>
> Variação de aumento ou diminuição da quantidade de visitas e nas vendas.
>
> **CUSTO MARGINAL**
>
> Mudança no custo total de produção advinda da variação em uma unidade da quantidade produzida.

CONCEITO-CHAVE

Hunting significa entrar em contato com funcionários experientes de uma empresa no intuito de convidá-los a participar de um processo seletivo para trabalhar no concorrente.

As dinâmicas de grupo e as entrevistas são as ferramentas de seleção mais utilizadas nas empresas. Seus objetivos principais são:
- verificar se o candidato é capaz de se sair bem no cargo;
- perceber qual é seu grau de interesse no cargo e na empresa;
- observar se o cargo ajudará o candidato a realizar suas metas pessoais;
- avaliar se o candidato trabalhará com toda a sua habilidade.

As entrevistas nem sempre são um método adequado para avaliar o desempenho dos candidatos porque a maioria das pessoas não sabe entrevistar adequadamente. As entrevistas podem melhorar com a utilização de algumas técnicas:
- entrevistas estruturadas com perguntas planejadas;
- entrevistas baseadas em perguntas de caráter comportamental;
- entrevistas em etapas, com outras pessoas de nível hierárquico superior ou com especialistas no assunto.

As verificções de referências profissionais são amplamente utilizadas no processo de seleção de profissionais de vendas. Uma visita pessoal ou um telefonema para obter uma referência normalmente é um método eficiente.

Integrando os novos vendedores

Um processo de contratação adequadamente planejado indica ao candidato que a empresa é bem-organizada e realmente o deseja como funcionário. É importante que todos os candidatos sejam tratados com muito respeito no decorrer de todo o processo seletivo, porque todos gostam de se sentir valorizados profissionalmente e o ambiente de trabalho faz toda a diferença para a retenção de pessoas na organização.

A remuneração é uma parte importante da proposta de trabalho, mas o candidato ficará mais satisfeito se houver condições compatíveis com as dos concorrentes da empresa e um pacote de benefícios atrativos: seguro de vida, contribuições para a aposentadoria privada, direitos trabalhistas, plano de saúde, alimentação, veículo para visitação a clientes com todas as despesas incluídas, telefone celular corporativo, *notebook*, diárias em caso de viagens, despesas com mudança para outras regiões, ajuda de custo, verbas para almoços ou eventos especiais, prêmios por resultados, segurança de empregabilidade e possibilidade de crescimento profissional em outros cargos ou setores ou de aumento salarial.

A integração dos novos vendedores à empresa envolve a apresentação da organização: história, missão, visão, valores, organograma, filiais e produtos ou serviços comercializados. Além disso, o novo funcionário deve conhecer as pessoas com as quais terá contato frequente: chefias, colegas de trabalho e equipe de apoio.

O novo vendedor precisa de um tempo para absorver o treinamento teórico inicial. Depois desse período, deve ser acompanhado por seu superior imediato ou por outro vendedor mais experiente na empresa até que tenha plena confiança e todas as informações necessárias para fazer o atendimento completo aos clientes e responder a todos os questionamentos sobre a empresa e produtos ou serviços que estão sendo oferecidos.

O gerente de vendas tem o papel de ajudar os funcionários a iniciar relacionamentos e de reunir os novos vendedores aos colegas mais experientes em eventos sociais. Os gerentes também podem empregar diversos programas de orientação para auxiliar a integração e a assimilação dos novos vendedores. O desejo de aceitação social na equipe de trabalho é tão forte que o novato chega a desistir da empresa quando não consegue ser aceito.

O gerente de vendas deve tratar todos com estima, respeito e consideração, estimular uma relação de confiança entre os membros da equipe, manter um ótimo canal de comunicação com eles e conhecer as expectativas e o potencial de cada vendedor.

Deve ter consideração com seus vendedores, para que cada um seja tratado de forma personalizada e demonstre interesse natural em ajudar os colegas. As premiações devem ser justas e imparciais, com base em critérios quantitativos e qualitativos. Quando um vendedor se sente estimulado, ele pode empenhar-se para alcançar as metas e superá-las.

O líder, geralmente, é experiente no assunto e deve aproveitar suas boas experiências para cativar sua equipe; as histórias de êxito devem servir como uma espécie de treinamento e, ao mesmo tempo, ferramenta de estímulo para os iniciantes, pois a habilidade para vendas pode e deve ser aprendida.

É fundamental que o novo vendedor seja acompanhado, nas primeiras visitas aos clientes, por um vendedor mais experiente ou pelo seu próprio líder imediato. Esse acompanhamento serve para que ele seja formalmente apresentado aos clientes, aprenda as melhores formas de apresentar os produtos e tenha um tempo para ganhar confiança na sua nova empresa, no produto e em si mesmo.

Treinamento da equipe de vendas

A maioria das empresas espera influenciar as vendas por meio de treinamentos, até porque eles contribuem para: reduzir o *turnover* e o absenteísmo, melhorar o moral e obter comunicações mais eficazes, trocar experiências na equipe, melhorar as relações com os clientes, esclarecer dúvidas sobre os produtos, receber novas informações e recapitular técnicas de vendas, entre outros resultados indiretos. Veja a figura 6.

FIGURA 6: OBJETIVOS DOS PROGRAMAS DE TREINAMENTO EM VENDAS

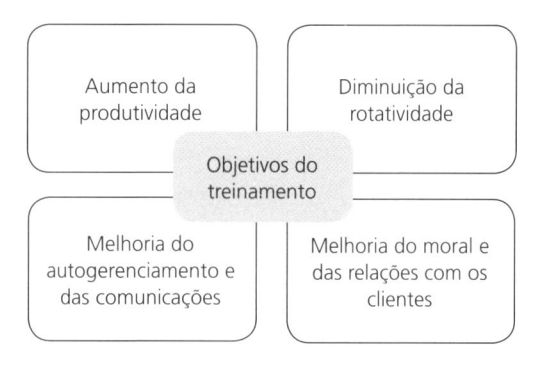

Aumento da produtividade	Diminuição da rotatividade
Objetivos do treinamento	
Melhoria do autogerenciamento e das comunicações	Melhoria do moral e das relações com os clientes

Detalhando a figura 6, temos que:

1. Aumento da produtividade em vendas – as empresas tentam melhorar o retorno dos investimentos em vendas por meio do aumento da produtividade dos vendedores.

2. Diminuição da rotatividade – os bons programas de treinamento diminuem a rotatividade da mão de obra, porque os funcionários bem treinados têm maiores chances de realizar as vendas e aumentar suas comissões; proporcionam aumento da sensação de união ao grupo e de pertencer a uma equipe; contribuem para que os vendedores possam compartilhar suas frustrações com vendas não realizadas e encontrar soluções com colegas que obtiveram êxito.

3. Melhoria do moral – os vendedores, na maioria das vezes, realizam muitas visitas para vender seus produtos ou serviços e lidam, diariamente, com a perda de oportunidades que podem gerar um sentimento de desânimo neles.

4. Melhoria das comunicações – o treinamento é utilizado para garantir que os vendedores conheçam a importância das informações que fornecem à empresa sobre os clientes e o mercado.

5. Melhoria das relações com os clientes – um bom programa de treinamento ajuda os novos vendedores na conscientização acerca da importância de manter boas relações com os clientes.

6. Melhoria no autogerenciamento – o gerenciamento do tempo é fundamental para aumentar os resultados de vendas. A meta é aprender a vender mais com poucas horas de trabalho junto aos clientes, ou seja, construir um bom relacionamento com eles sem perder o foco ou a objetividade.

> **EMPREGABILIDADE**
>
> Conjunto de conhecimentos, habilidades e atitudes que tornam um profissional importante para sua organização e valioso para qualquer outra empresa.
>
> **TURNOVER**
>
> Nível de substituição – admissão e demissões – dos funcionários de uma organização.

As empresas devem manter um formato de treinamento contínuo de suas equipes de vendas para que estas estejam sempre atualizadas e abastecidas com novas informações. Pesquisas mostram que a carga de treinamento contínuo varia entre 12 (tempo mínimo) e 100 horas por ano para um vendedor experiente, sem afetar o nível de atendimento aos clientes e as vendas.

O conteúdo do treinamento vai variar conforme o tipo de produto, o porte da empresa e a abrangência das vendas, mas, geralmente, abarca: conhecimento da empresa, dos produtos, das aplicações, dos produtos similares ou concorrentes, dos principais clientes e suas características e das práticas de mercado no segmento em que a empresa atua; habilidades na construção de relacionamentos e habilidades de vendas; administração do tempo; utilização do computador ou de outra ferramenta eletrônica.

Os métodos de ensino utilizados no treinamento podem ser variados: palestras, discussões de casos relacionados às vendas ou ao produto, demonstrações da utilização do produto, TV corporativa, treinamento prático em campo, acompanhado por um supervisor, vídeos ou áudios institucionais, treinamentos assistidos por computador e participação em reuniões de vendas.

Remuneração da força de vendas

Requisitos do plano de remuneração

A remuneração da força de vendas exige da administração certa atenção, porque são os vendedores que geram receitas para a empresa e, por isso, precisam ter um bom nível de satisfação com suas remunerações.

O plano de remuneração deve oferecer um salário adequado às práticas ou pesquisas salariais de mercado.

A gerência de vendas precisa de um plano que seja atrativo para novos profissionais e suficiente para manter a equipe motivada, preferencialmente com ganhos crescentes e proporcionais aos resultados.

Há um ditado mineiro que diz: "A parte mais sensível do corpo humano é o bolso". Portanto, estimular o trabalho do vendedor para vender mais e com qualidade significa estimulá-lo por meio de um plano de remuneração adequado, desafiante e exequível.

As organizações são sistemas sociais baseados na cooperação entre as pessoas, mas estas necessitam de um retorno que justifique seus esforços. Por outras palavras, o sistema de remuneração deve ser elaborado de forma que o indivíduo perceba que os seus ganhos são relativamente proporcionais ao seu esforço e compatíveis com as receitas da empresa, para que ele se sinta motivado a continuar vendendo cada vez mais.

O plano de remuneração afeta a imagem da empresa, pois vendedores satisfeitos com seus empregadores trabalham com entusiasmo e motivação; com isso, a chance de criarem uma boa imagem da empresa é grande. Por outro lado, vendedores insatisfeitos podem prejudicar essa imagem com atitudes indevidas; podem, por exemplo, demonstrar agressividade para "fechar" uma venda em algum negócio comissionado.

O plano de remuneração pode ser estruturado de duas maneiras principais:

1. Remuneração financeira, composta por pagamento em dinheiro e pagamentos indiretos – férias, programas de seguro, comissões, premiações pelo alcance de metas etc.
2. Remuneração não financeira, que inclui oportunidades para progredir no emprego, reconhecimento dentro e fora da empresa, transferência para outros setores, atendimento a clientes maiores e, com isso, maiores possibilidades de ganhos etc.

Um bom plano de remuneração da equipe de vendas deve ser suficiente para: motivar os vendedores, correlacionar esforços e resultados com recompensas, controlar as atividades dos vendedores, assegurar o tratamento adequado aos clientes; atrair e conservar os vendedores mais competentes do mercado e economizar, mantendo a competitividade. Deve ser flexível, atualizado e estável.

Formulação do plano de remuneração

A venda de um produto complexo ou de alto valor, cujo "fechamento" é demorado e difícil, necessita de muito acompanhamento e intervenção do vendedor, logo a remuneração mais adequada deve ser composta de um salário fixo mais elevado e uma comissão menor. Por outro lado, um produto de venda rápida poderá ser remunerado com uma parcela de comissão maior e um salário fixo menor.

> **EXEMPLO**
>
> Um bom exemplo é a venda de um *software*, um sistema integrado (ERP), que tem um alto valor agregado ao produto, pois é um tipo de venda que demora meses ou até anos para que se consiga a concordância do cliente.

É imprescindível que a administração da empresa tenha uma ferramenta de controle dos resultados gerados pelos vendedores, principalmente quando a parcela do salário fixo for muito elevada, pois os vendedores podem se tornar acomodados com a garantia do salário.

Na perspectiva do vendedor, o plano de remuneração deve oferecer-lhe uma renda segura (salário fixo) e uma renda de incentivo (comissões); deve ter simplicidade, ser facilmente compreendido pela equipe e basear-se na justiça e na equidade.

Ao elaborar ou revisar um plano de remuneração, a empresa deve rever a descrição de cargos e as atribuições definidas para o profissional, pois isso pode ajudar a definir o grau de dificuldade na execução das tarefas de cada cargo. As descrições também especificam, para o funcionário, todos os serviços e habilidades que a empresa está lhe pagando.

Os objetivos devem ser especificados de forma bem objetiva, ou seja, não é suficiente informar, subjetivamente, que a meta é ter um dia de trabalho honesto em troca de um dia de pagamento. Seguem alguns exemplos de objetivos específicos:

- aumentar o volume de vendas em 15% durante o ano;
- aumentar o volume de vendas na classe D em 12%, por meio de propostas associadas a financiamento;
- conquistar 20 novos clientes por mês, um por dia;
- desenvolver o território de Brasília e estabelecer uma equipe de três vendedores para essa região.

Todos os critérios utilizados na formulação do plano de remuneração devem se basear em fatores controláveis pelos vendedores (= que possam ser medidos), ou seja, o próprio vendedor deve perceber que pode mudar o rumo de seus resultados e ter certo controle sobre sua remuneração.

Métodos de remuneração

Os planos de remuneração servem para estimular os vendedores e gerar resultados significativos para as empresas; portanto, algumas delas trabalham com salários, comissões, contas de adiantamento, bonificações periódicas, participação nos lucros, ajuda de custo para as despesas do vendedor etc.

Existem três principais métodos de remuneração direta da força de vendas:

1. Salário fixo – nesse caso, o vendedor tem uma remuneração garantida mensal, mas esse modo de remuneração pode deixá-lo acomodado ou, se ele vender muito, poderá ficar desestimulado porque não recebeu nenhum benefício adicional pelo esforço de vendas.

2. Comissão – esse método gera maior produtividade, já que o vendedor é responsável por sua ilimitada remuneração. Apesar disso, tal modalidade tem uma desvantagem, que é o excesso de objetividade, ou seja, se o cliente não comprar imediatamente, é abandonado pelo vendedor, fato que pode comprometer a imagem do atendimento da empresa.

3. Salário fixo e incentivo (plano misto) – este método (salário fixo e comissões) é a combinação mais comum na área de vendas e, dependendo dos valores estabelecidos, pode garantir maior nível de satisfação a todos: empresa, chefias e equipe de vendas.

Na modalidade de remuneração por comissões, os valores podem ser construídos com base em uma tabela progressiva ou regressiva; nela, o percentual de comissão pode diminuir à medida que aumenta o volume de vendas, pois essa é uma forma de limitar os ganhos do vendedor e exercer certo controle sobre eles.

Vejamos uma simulação em que um vendedor de um *software* integrado (ERP) trabalha com a venda de licenças para utilização do produto.

TABELA 1: SIMULAÇÃO COMPARATIVA ENTRE COMISSÃO PROGRESSIVA E REGRESSIVA

Vendas realizadas (R$)	Comissão paga ao vendedor				
	Progressiva		Regressiva		Fixa em 8%
	% de comissões	Valores recebidos (R$)	% de comissões	Valores recebidos (R$)	Valores recebidos (R$)
50.000,00	6	3.000,00	10	5.000,00	4.000,00
150.000,00	8	12.000,00	8	12.000,00	12.000,00
500.000,00	10	50.000,00	6	30.000,00	40.000,00
Total	–	65.000,00	–	47.000,00	56.000,00

A escolha do sistema de comissões progressiva, regressiva ou fixa vai depender da estratégia da empresa, do produto que está sendo comercializado, do grau de dificuldade de aceitação no mercado, do custo de produção, do volume de vendas e do nível de satisfação que a empresa deseja manter com sua equipe de vendedores.

A empresa deve rever seus planos periodicamente, pois os vendedores podem estar recebendo mais do que o necessário para concluir as vendas; entretanto, é fundamental que o setor de gestão de pessoas e o líder da equipe de vendas trabalhem em conjunto e que essa informação seja transmitida de forma cuidadosa para não afetar o moral da equipe.

Para ilustrar, segue o plano de remuneração de uma empresa que paga aos vendedores apenas por comissão, com escala progressiva (Carey, 1992:275, com adaptações).

EXEMPLO

Plano de remuneração da empresa XYZ

1. Qualificação dos vendedores
1.1 Todos os vendedores terão direito a este plano de vendas enquanto forem empregados pela empresa.

2. Garantia
2.1 Todos os vendedores terão direito a uma garantia mínima salarial, conforme estabelecido na convenção sindical.
2.2 A garantia será paga em cada mês, quando a comissão mensal for inferior ao valor da garantia.
2.3 A garantia não será descontada de futuras comissões. Se as comissões do mês forem inferiores à garantia, não será transferido nenhum saldo negativo para os meses seguintes.

3. Comissões
3.1 As comissões serão pagas aos vendedores por vendas feitas a clientes das categorias A, B e C.
3.2 A taxa de comissão será de 8% até R$ 15.000,00 de vendas mensais, 10% de R$ 15.000,00 até R$ 30.000,00 e 12% para vendas acima de R$ 30.000,00
3.2.1 Simulação dos cálculos:

Situação 1: vendas mensais de R$ 15.000,00	
Comissões de 8% de R$ 15.000,00 =	R$ 1.200,00
Total a receber de comissões =	R$ 1.200,00

Situação 2: vendas mensais de R$ 25.000,00	
Comissões de 8% até 15.000,00 =	R$ 1.200,00
Comissões de 10% de 10.000,00 =	R$ 1.000,00
Total a receber de comissões =	R$ 2.200,00

Situação 3: vendas mensais de R$ 50.000,00	
Comissões de 8% até 15.000,00=	R$ 1.200,00
Comissões de 10% de 15.000,00 =	R$ 1.500,00
Comissões de 12% de 20.000,00 =	R$ 2.400,00
Total a receber de comissões =	R$ 5.100,00

continua

Plano de remuneração da empresa XYZ (continuação)

4. Crédito de vendas

4.1 Pedidos normais: as vendas serão creditadas aos vendedores responsáveis quando o pedido for faturado ao cliente. O crédito será feito com base no preço de venda, excluído frete ou qualquer outra taxa.

4.2 Pedidos com preços especiais: se o pedido tiver preços com margens menores devido ao desconto por quantidade, preço reduzido ou outro motivo, o crédito de vendas será ajustado.

4.3 Créditos ao consumidor: qualquer valor creditado ou devolvido ao cliente será deduzido do vendedor.

4.4 Contas vencidas: qualquer conta que estiver vencida por mais de 90 dias será deduzida do vendedor. Quando a cobrança for feita, o valor cobrado, menos custos de cobrança, será creditado para o vendedor.

4.5 Clientes habituais: será preparada uma lista de clientes habituais pelo gerente de vendas. Não será dado nenhum crédito aos vendedores para estes clientes, a não ser que o vendedor seja solicitado a prestar algum novo serviço, na base de divisão de comissão.

4.6 Vendas em conjunto: se o vendedor dividir algum cliente com outro vendedor, o gerente de vendas determinará o crédito de vendas que caberá para cada um dos vendedores envolvidos.

5. Despesas

5.1 A companhia cederá um automóvel para uso do vendedor.

5.2 A companhia reembolsará o vendedor em despesas de combustível, óleo e manutenção do veículo, exclusivamente em uso nos negócios. Apenas despesas consideradas compatíveis serão reembolsadas. O gerente de vendas poderá determinar qual o máximo de reembolso.

5.3 A companhia irá reembolsar o vendedor de despesas de pedágio, estacionamento, seguro e impostos do veículo, telefonemas ou qualquer outras necessárias para os negócios. O vendedor deve submeter um relatório mensal dessas despesas, juntamente com os respectivos recibos/notas fiscais ao gerente de vendas.

6. Saída do vendedor da empresa

Se por algum motivo o contrato do vendedor for rescindido, o pagamento final quanto às comissões será realizado no prazo de até 10 dias.

7. Mudanças

A empresa se reserva o direito de mudar o plano de remuneração, se necessário. O vendedor será notificado, por escrito, prioritariamente sobre a alteração, e qualquer mudança ou cancelamento não elimina o direito do vendedor de receber conforme o combinado no novo plano.

8. Data efetiva

Acertos anteriores de pagamento serão terminados ao entrar este plano em vigor, a partir de 2 de janeiro do próximo ano. O plano ficará em efeito até que novas alterações se façam necessárias.

Rio de Janeiro, 16 de novembro de 20xx.

_____

De acordo – Vendedor Fulano de Tal

Fonte: adaptado de Carey (1972:275-284).

A atualização dos critérios de composição da remuneração dos vendedores deve ser realizada sempre que necessário. Se ocorrerem alterações ambientais, os programas devem ser ajustados para acompanhar essas modificações. É importante ter atenção para que o plano de remuneração não se torne obsoleto em relação aos valores praticados no mercado, pois, se isso ocorrer, haverá desmotivação na equipe de vendas e os resultados da empresa serão afetados.

Nos casos em que a elaboração dos critérios é malfeita, os vendedores podem se sentir injustiçados com as diferenças salariais em relação aos colegas que estão no mesmo cargo, mas não no mesmo nível salarial. Um plano de remuneração injusto prejudica o desempenho da força de vendas e causa impacto no desempenho da equipe.

Técnicas de vendas

Características da profissão de vendas

A área de vendas é muito dinâmica e as mudanças não param. As atividades são muito variadas: atendimento a clientes, viagens, participação em feiras de negócios, participação em eventos, almoços e jantares de negócios, elaboração de relatórios de visitas aos clientes, mudanças de setor ou área geográfica, conquista de novos clientes, treinamento de outros vendedores, participação em reuniões internas da empresa e diversas outras atividades.

O vendedor tem a possibilidade de administrar seu próprio tempo, tem certa liberdade de horário, pode atingir metas e aumentar, gradativamente, suas receitas; esses profissionais interagem com várias áreas da empresa e tomam decisões, ou seja, são muito versáteis e, em função de seus conhecimentos de várias outras empresas e ambientes de negócios, têm possibilidades de assumir funções gerenciais.

Outra grande vantagem da área de vendas é que os vendedores, depois de dominarem o mercado e as técnicas de vendas, adquirem empregabilidade. O profissional de vendas que apresenta bons resultados torna-se conhecido, necessário aos negócios e tem facilidade para conseguir novas oportunidades de trabalho.

Na área de vendas, o grau de cobranças e controle ao vendedor vai variar conforme a cultura organizacional, o produto ou serviço oferecido e o tipo de cliente – ou se há urgência na compra dos produtos ou serviços. Em alguns casos, os vendedores são obrigados a fazer constantes viagens, contatos fora do horário normal de trabalho, além de outras atividades extras – almoços de negócios, jantares, eventos etc. Em outras empresas, o trabalho é mais bem controlado pelo vendedor e desempenhado dentro do horário comercial.

A área de vendas é a que mantém contato direto com o mercado, base de sua função. Por isso, o vendedor pode perceber os movimentos do consumo, as atividades da concorrência e, inclusive, os reflexos das decisões econômicas do governo que vão impactar no consumo – mudança na taxa de juros, aumento ou diminuição do crédito, variação na taxa cambial etc.

Requisitos de um bom vendedor

Para obter êxito no atendimento aos clientes, os vendedores precisam adquirir hábitos que envolvem aspectos relacionados às características pessoais e às de personalidade. Entre as primeiras, pode-se considerar sua apresentação pessoal, ou seja, roupas adequadas, tom de voz, postura, boa aparência, educação e cordialidade. O profissional de vendas representa a imagem de sua empresa perante os clientes.

O vendedor deve:

- ser um profissional dinâmico e de fácil adaptação a situações e clientes diferentes;
- ter facilidade de relacionar-se com as pessoas;
- conhecer seu ramo de atividade e as diferentes necessidades de seus clientes para poder sugerir soluções adequadas.

O vendedor precisa receber informações constantemente – por mensagens eletrônicas, jornais, revistas, TV, rádio – e pode fazer uso delas para iniciar uma conversa com seus clientes, orientá-los ou tomar decisões.

O desempenho dos vendedores depende de três fatores básicos: caráter, formação e motivação. As diferenças individuais, apoiadas na personalidade de cada profissional, orientarão a formação e a motivação necessárias. A motivação para o trabalho, ou seja, os fatores importantes – dinheiro, *status*, poder, segurança etc. –, devem ser levados em consideração da mesma forma que o coeficiente emocional.[2]

---

[2] Disponível em: <www.mirasoldistribuidor.com.br/news/Mirasol_news_ano3_n10.pdf>.

Um bom vendedor deve ter as seguintes características:

Características:
- flexibilidade de horário e de pensamentos
- comprometimento com a empresa e com os clientes
- paciência e persistência
- bom nível de escolaridade, conhecimentos gerais e atualização constante
- carisma, boa comunicação e habilidade de persuasão
- autoestima, simpatia, otimismo, bom senso, elegância e boa apresentação pessoal. Além disso, um bom vendedor deve ser um bom ouvinte.

A paciência que o vendedor deve ter refere-se ao tempo que ele precisa aguardar pela disponibilidade do comprador para atendê-lo, mas não é apenas isso. Ele deve desenvolver o hábito de ter uma troca inicial de palavras sobre assuntos cotidianos, pois essas amenidades é que vão regular a energia da conversa, criar maior proximidade entre as partes, oferecer um tempo para que o diálogo possa fluir com naturalidade, confiança, conforto e relativa intimidade comercial.

Esse momento inicial é chamado de *preliminares* e tem o papel fundamental de conquistar a real atenção do comprador, sua disposição, para que ele possa:
- concentrar-se nas informações que o vendedor tem para lhe passar;
- participar ativamente da negociação;
- ter a liberdade de expor suas opiniões;
- esclarecer suas dúvidas e interagir no processo de negociação.

Administração do tempo

O bom vendedor tem metas precisas, planejamento, estratégias para alcançar seus objetivos e administra adequadamente seu tempo; além disso, esse profissional deve ser organizado e elaborar o relatório de visitas diárias, que é muito útil para análise e acompanhamento das tarefas executadas por ele e contribui para que suas ações sejam mais efetivas. Segue um exemplo no quadro 3.

QUADRO 3: EXEMPLO DE RELATÓRIO DIÁRIO DE VISITAS

Origem dos contatos	Nº de contatos	Contatos realizados	Reuniões com o cliente	Vendas
Indicações				
Telefone				
Páginas amarelas				
Propaganda				
Internet				
Outros				
Resultado das reuniões				
Nome e endereço		Apresentação		Vendas
1.				
2.				
3.				
4.				
Total				

O vendedor deve fazer a visita aos clientes com todo o material necessário para fazer a apresentação do produto ou serviço: tabelas de preços, se isso fizer parte da política da empresa, *notebook*, propostas, condições de pagamento, prazos de entrega, custo do frete, talão de pedidos e demais materiais.

O processo de vendas

O processo de vendas é composto de algumas etapas:
- busca e avaliação do cliente;
- abordagem;
- apresentação;
- tratamento das objeções;

- fechamento;
- pós-venda.

Os vendedores mais experientes e bem-sucedidos dão prioridade aos clientes que proporcionam maior retorno financeiro e apresentam um histórico de compras, ou seja, têm grande possibilidade de fazer um novo pedido.

Existem vários métodos para captação de novos clientes: solicitar, a cada visita, que os clientes indiquem outras pessoas com potencial de compra; relacionar-se com pessoas influentes, com uma boa rede de relacionamentos; enviar um vendedor júnior na primeira visita para avaliar o potencial de compras e as necessidades do cliente; visitar clientes sem nenhum agendamento para obter informações – nome, e-mail e telefone – sobre o comprador. Além disso, os clientes podem ser conhecidos em feiras, eventos, listas telefônicas, anúncios em jornais e escolas, por meio de pesquisas na internet, indicações de amigos etc.

A abordagem deve ser feita, preferencialmente, por telefone. O vendedor agenda uma visita, porque o agendamento valoriza mais a reunião de negócios, e já verifica se o cliente tem algum interesse nos seus produtos ou serviços, pois, assim, evita perda de tempo e deslocamentos desnecessários.

A apresentação de vendas deve ser adequada às expectativas do comprador para chamar sua atenção, despertar seu interesse e seu desejo de adquirir os produtos ou serviços.

Os motivos das objeções do comprador são muito variados. Ele pode, por exemplo: estar indisposto naquele dia da visita, não ter interesse no produto, não gostar da empresa que o vendedor representa, ter tido alguma experiência negativa no passado com a empresa, o produto ou o vendedor, estar sem capital disponível para compras, estar sem espaço físico para armazenar os produtos, achar que os preços estão acima daqueles praticados pela concorrência.

O tratamento das objeções é muito comum nas apresentações, e o vendedor precisa pensar antecipadamente nessas barreiras e na solução de cada uma delas.

O "fechamento" de vendas ou encomenda do produto ou serviço é o momento mais importante de todo o processo de vendas, e é por isso que requer atenção especial. Existem muitos casos de ótimos vendedores que atendem muito bem, mas, como não sabem concluir seus negócios, perdem as oportunidades.

Uma boa sugestão para um fechamento adequado das vendas é:

1. Recapitular as informações tratadas durante a reunião com o comprador.
2. Certificar-se de que ele está seguro do que deseja.
3. Esclarecer as possíveis dúvidas ou inseguranças que ainda possam restar.
4. Conscientizar o cliente de que ele obteve vantagens, benefícios e realizou um ótimo negócio.

Acompanhar o cliente na etapa do pós-venda, verificar seu nível de satisfação e esclarecer possíveis dúvidas sobre o produto ou serviço são ações fundamentais para garantir a próxima venda e receber indicações e boas referências, pois esse comportamento demonstra que o vendedor está interessado nos resultados globais do cliente, e não somente em vender para ele.

Controle, análise e avaliação dos resultados

Auditoria de vendas

Uma empresa conquista liderança e poder de mercado quando encontra diferencial competitivo em relação aos seus concorrentes e consegue neutralizar a ação das forças ambientais sobre seu negócio, ao transformar ameaças e fraquezas em forças e oportunidades.

Essa transformação de uma administração eficiente em outra eficaz e de sucesso, baseada em produtividade e lucratividade crescentes, só acontece quando há controle de gestão.

Controlar é comparar as vendas planejadas com as vendas realizadas, além de verificar o nível de satisfação dos clientes. As formas de controle vão variar de empresa para empresa, pois não há um padrão e cada uma tem suas particularidades.

A auditoria de vendas deve ser realizada continuamente, uma vez que serve para avaliar o estágio atual da empresa. A análise histórica de dados levantados acerca das atividades da empresa em períodos anteriores é um dos métodos para auditar a área de vendas.

Essa análise das vendas também pode comparar as atividades da empresa com as dos concorrentes, pois, desse modo, passa-se a dispor de dados que servem de referencial para avaliar seus próprios pontos fortes, fracos, as oportunidades e as ameaças existentes.

A análise do resultado das vendas deve servir para tomar decisões e fazer correções imediatas na empresa, mudar as táticas, fazer ajustes nos objetivos, rever os investimentos e ajustar a força de vendas.

A auditoria na área de vendas pode avaliar as seguintes informações:

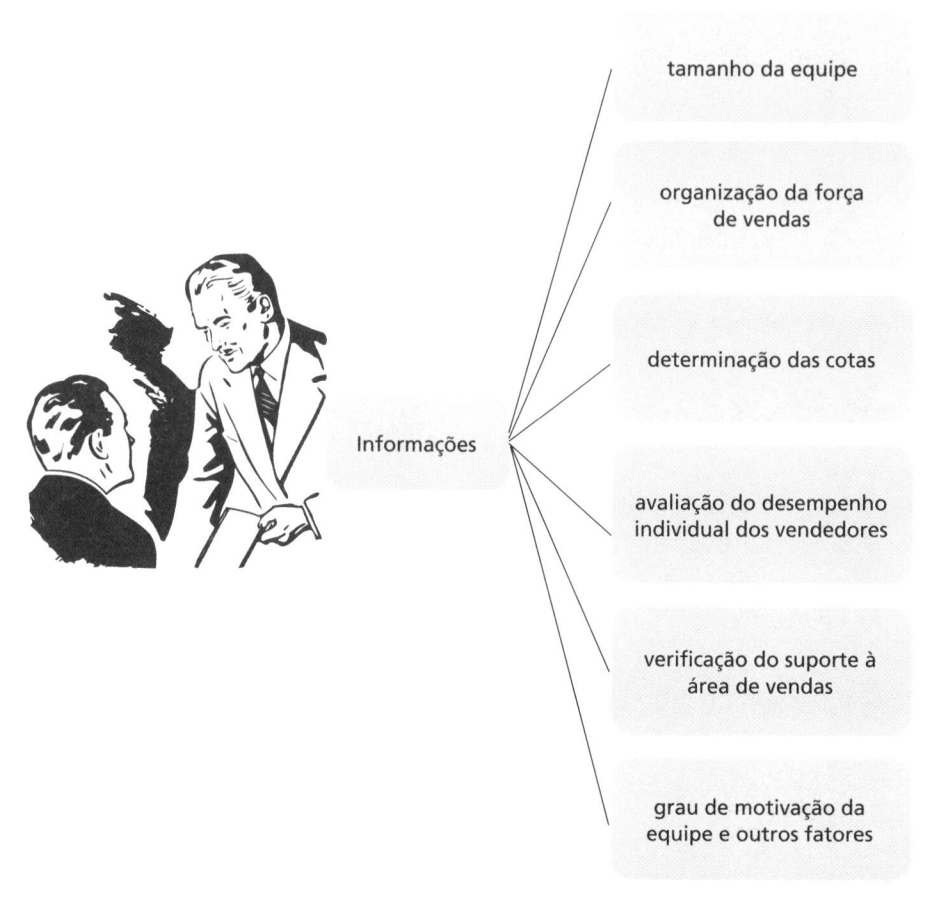

Informações:
- tamanho da equipe
- organização da força de vendas
- determinação das cotas
- avaliação do desempenho individual dos vendedores
- verificação do suporte à área de vendas
- grau de motivação da equipe e outros fatores

Análise de vendas

Para garantir uma boa gestão de vendas, é fundamental que haja controles na empresa e a comparação constante entre vendas previstas e vendas realizadas. Ao perceber que as vendas foram menores do que as previsões, o gestor deve convocar os vendedores a fim de conseguir identificar as causas e, imediatamente, tomar medidas corretivas.

A análise de vendas é um processo sistemático de:

- coleta;
- organização;
- avaliação;
- interpretação dos dados atuais de vendas.

Deve ser um diagnóstico da situação atual e um prognóstico dos próximos períodos. Essa análise de vendas pode ser estratificada de diversas maneiras, isto é, vendas por:

- vendedores;
- dias do mês;
- regiões ou territórios;
- tipo de cliente ou porte;
- produtos e canais de vendas.

O gestor pode ainda obter informações com os concorrentes para verificar se determinado problema é mercadológico ou somente de sua empresa.

Nessa análise de vendas, obviamente os resultados são estratificados de várias formas, e uma delas é por vendedor, ou seja, os vendedores são avaliados mensalmente para identificar aqueles que tiveram bom ou mau desempenho no período.

Os principais critérios dessa análise de vendas ou fatores utilizados para avaliar o desempenho de cada um dos vendedores são:

1. Volume de vendas realizado no período – representa as vendas totais que o vendedor conseguiu realizar no período, em um primeiro momento, mensalmente; depois, são comparados os resultados no decorrer do ano. O volume de vendas deve ser comparado com a cota de vendas determinada para cada vendedor. Ao mesmo tempo, o vendedor deve oferecer informações ou justificativas sobre seus resultados para que a empresa possa entender as causas e os fatores que influenciaram esses resultados.

2. Cumprimento da cota de vendas – significa que o vendedor atingiu os resultados previamente estabelecidos. As reuniões de resultados servem para comparar os resultados de todos os vendedores e verificar os motivos pelos quais uns conseguem alcançar os objetivos propostos e outros apresentam resultados abaixo do previsto. Essas reuniões servem de aprendizado e troca de informações entre o gerente de vendas e a equipe de vendedores. É possível que seja necessário diminuir a cota de alguns vendedores, em função das dificuldades enfrentadas por eles em determinada região, ou incluí-los em um programa de treinamento sobre técnicas de vendas.

3. Número de visitas realizadas – é o número de visitas que o vendedor fez ao cliente durante o mês. Não adianta fazer muitas visitas e não vender. É importante que essa análise da quantidade de visitas seja avaliada segundo os critérios de qualidade e tempo investido em cada uma dessas oportunidades.

4. Vendas realizadas por visita – é um resultado muito interessante porque é mais completo. É avaliado pela equação:

$$Pv = qv / nv \times 100$$

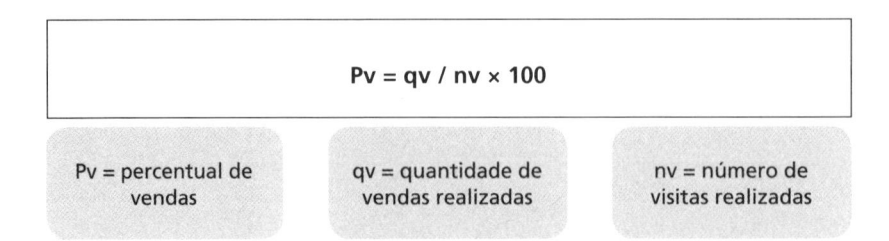

- Pv = percentual de vendas
- qv = quantidade de vendas realizadas
- nv = número de visitas realizadas

5. Relação despesas/vendas – em algumas ocasiões, pode ser que o vendedor precise realizar despesas mais elevadas com combustível – em função da distância do cliente – e gastos com restaurantes – negociação em local reservado e agradável. Esse também é um critério que deve ser avaliado. O ideal é que as despesas para fechamento das vendas sejam reduzidas.

A avaliação do desempenho deve ser comparada com os resultados de meses anteriores do mesmo vendedor e também com os dos outros vendedores, pois essa comparação é um referencial do que foi alterado. As melhores ideias e ações dos vendedores devem ser divulgadas para que haja um aprendizado de toda a equipe de vendas.

Uma empresa de sucesso tem uma equipe de vendas competente; o contrário também é verdadeiro, na maioria dos casos. A equipe de vendas pode fracassar devido à baixa motivação, fato que está relacionado aos métodos ou às condições de trabalho, à falta de um bom sistema de incentivos e benefícios, à falta de treinamento e proximidade com a empresa, à ausência de plano de carreira e avaliação de desempenho etc.

Enfim, por ser um profissional solitário em suas atividades, o vendedor necessita de constante estímulo, bem como acompanhamento da supervisão ou da gerência de vendas. Quando isso não ocorre, ele pode se deixar abater pelas dificuldades naturais da área de vendas: o desinteresse do cliente, a ação da concorrência, as condições ambientais pouco propícias na política, na economia etc.

Avaliação qualitativa dos vendedores

Os gerentes de vendas, periodicamente, devem fazer visitas aos principais clientes para avaliar o grau de satisfação com o atendimento prestado pelos vendedores, pois esse método de observação é muito efetivo.

Nessas visitas, o gerente de vendas deve ter a preocupação de entender a variação no volume de vendas e os planos futuros do cliente, verificar se o cliente realmente conhece todos os produtos, oferecer produtos ou serviços que estejam em promoção e compreender o comportamento do vendedor e o grau de satisfação com o atendimento por ele realizado.

O gerente de vendas também pode verificar se existem dificuldades em outros setores da empresa fornecedora – financeiro, de logística, de informática etc. –, identificar oportunidades de vendas que possam ser mais bem exploradas e aumentar linhas de crédito e aumentar o limite de compras da empresa.

A renovação dos contratos de reposição de mercadorias é uma providência importante que não pode ser esquecida. O gerente também pode oferecer ao comprador algum serviço adicional, como promotores para arrumar a loja, bonificação de produtos, devolução de produtos que não foram repassados para os consumidores finais, verificação de problemas com prazos de validade ou com planejamento de entrega de mercadorias.

Capítulo 4

Futuro da venda

As vendas, em muitos segmentos de mercado, estão ganhando um novo formato, com custos menores, maior rapidez no atendimento, transações eletrônicas, maior competitividade de mercado, e essa nova modalidade ficará por tempo indeterminado.

A tendência é que em alguns segmentos de mercado, principalmente quando se trata de produtos padronizados, o vendedor perca um pouco de sua importância e seja substituído pela inteligência do marketing. É por isso que o marketing de relacionamento, o marketing direto e o marketing viral têm conquistado tanta importância e estão muito interligados com a área de vendas.

A venda na era digital

Influência da internet sobre as vendas

O advento da internet está provocando mudanças em todos os setores e segmentos da economia. Vivencia-se hoje a chamada *era da economia digital*, e a internet, que continua a crescer a passos largos, está provocando, nas empresas, um grande impacto cujos principais ganhos são a conexão e a rapidez na troca de informações com fornecedores e clientes para aprimorar processos de vendas.

Para os distribuidores, os ganhos estão na rastreabilidade de pedidos, no roteiro de transportes e na otimização da entrega de mercadorias. No varejo, têm ocorrido mudanças nos padrões de compras dos consumidores em cada ponto de venda.

Como é interligada mundialmente, a internet permite comparação de preços, pedidos automáticos, funcionalidades adicionais na transmissão de dados e disponibilidade globalizada de informações.

A área de tecnologia da informação (TI) dá suporte à administração de vendas, pois, sem informações atualizadas, disponíveis e relevantes, o modelo de vendas é pouco efetivo. A tecnologia, cada vez mais, ganha importância no mundo dos negócios, pois ajuda a desenvolver e melhorar processos de negócios internos e externos nas empresas.

A TI desempenha um papel fundamental nas vendas porque oferece:

- informações sobre o mercado – são as informações relacionadas ao segmento em que a empresa atua, às tendências do mercado, às tecnologias utilizadas, aos fatores de sucesso, aos investimentos, às leis etc.;
- informações sobre clientes – graças à TI, é possível pesquisar o cadastro de novos clientes, criar um banco de dados, registrar todo e qualquer contato ou compras desse cliente, analisar suas características de consumo – periodicidade, valores, tipos de produtos – e seu processo de decisão de compras, registrar os problemas e as insatisfações etc. Quanto maior o valor consumido ou o valor do produto, maior deve ser a quantidade de informações sobre o cliente e seu acompanhamento, com o que será maior a chance de êxito nas próximas tentativas de vender novos produtos a ele ou de atendê-lo;
- informações sobre o produto ou serviço – é bem verdade que, ao adquirir um produto em uma loja de varejo, na maioria das vezes o consumidor encontra mais informações disponíveis na internet – medidas, voltagem, funcionalidades – do que memorizadas pelos vendedores nas lojas. Com a velocidade das mudanças, nem sempre a força de vendas tem capacidade de assimilar as informações sobre novos produtos ou as modificações em produtos comercializados. As tecnologias permitem o acesso fácil e rápido a essas informações;
- informações sobre concorrentes – é necessário reunir e analisar informações sobre a atuação comercial de outros fornecedores que oferecem algo similar ou igual. São informações como: organização, estrutura, detalhes sobre os serviços ou produtos, tipos de relacionamento com os clientes, garantias, pontos fortes e fracos, tendências e prioridades, perfil de vendedores e padrão de atuação.

O grande desafio para os administradores de vendas é identificar as informações adequadas, mais relevantes e úteis, e os processos que devem ser utilizados para disponibilizá-las.

A internet revolucionou as vendas, pois oferece inúmeras possibilidades, como:

- vendas on-line (*e-commerce*) – é possível vender praticamente todos os produtos ou serviços pela internet, ou, no mínimo, oferecer informações e detalhes sobre a forma de atuação da empresa. Esse canal de vendas tem a vantagem de funcionar 24 horas, com ou sem intervenção ou suporte humano, com maior rapidez, custos reduzidos para fornecedor e cliente, registro automático de todas as

informações, operações bancárias integradas e acesso de qualquer lugar do mundo;
- publicidade on-line – os anúncios eletrônicos estão sendo valorizados e ganharam maior credibilidade dos compradores; além disso, é possível disponibilizar para estes informações sobre qualquer tipo de produto ou serviço. É interessante perceber que, quando um comprador entra em uma loja e pergunta ao vendedor quais são as medidas físicas ou demais características de um produto, este não tem todas as respostas, mas tudo está disponível no site da empresa;
- serviço de atendimento ao consumidor (SAC) on-line – o SAC elimina as dúvidas dos compradores e atende às suas solicitações ou reclamações em tempo real;
- construção de imagem institucional – uma grande quantidade de sites é elaborada para melhorar a imagem das empresas e reforçar suas marcas.

As grandes empresas e as sociedades anônimas (S.As.) aproveitam para divulgar seus resultados, relatórios, balanço social e demais informações para os interessados.

As transações pela internet, em todos os segmentos de mercado, não param de crescer, e a cada dia surgem novidades. Esse sistema é muito prático, pois o comprador não precisa gastar tempo para atender aos vendedores, não se desloca até as lojas, faz comparações entre os preços e recebe os produtos em sua empresa ou residência.

Quando a internet se tornou mais comercial e os usuários passaram a fazer parte da web no início da década de 1990, a expressão *comércio eletrônico* passou a ser utilizada e suas aplicações se expandiram. Outro motivo dessa expansão foi o aumento da competitividade e das pressões sobre os negócios.

A definição de *comércio eletrônico* (CE) pode ter diferentes perspectivas:
- perspectiva de comunicação – é a entrega de informações, produtos/serviços ou pagamentos por meio de linhas de telefone, rede de computadores ou por qualquer outro meio eletrônico;
- perspectiva de processo de negócio – é a aplicação de tecnologia para a automação de transações de negócio e fluxos de dados;
- perspectiva de serviço – é uma ferramenta que endereça o desejo de empresas, consumidores e gerência para cortar custos de serviços, enquanto melhora a qualidade das mercadorias e aumenta a velocidade de entrega dos serviços;
- perspectiva on-line – provê a capacidade de comprar e vender produtos e informações na internet e em outros serviços on-line.

O comércio eletrônico pode ser realizado em um mercado eletrônico no qual compradores e vendedores se encontram para trocar produtos, serviços, dinheiro ou informações. O comércio eletrônico tem auxiliado no desenvolvimento, na criação e na sobrevivência de um grande número de empresas; aliás, tem até garantido essa sobrevivência.

> **EXEMPLO**
>
> A floricultura virtual Flores Online, de São Paulo, adotou estratégias de marketing de baixo custo ao associar-se aos clientes Citibank e TAM Linhas Aéreas. Além disso, promoveu campanhas inteligentes, conseguiu visibilidade e bateu recorde de vendas com 3 mil pedidos para entrega no Dia das Mães. Atualmente, 65% das pessoas que compram na Flores Online vão diretamente à página da empresa.

O comércio eletrônico é classificado conforme a natureza da transação ou o relacionamento entre os participantes:

- *business-to-business* (B2B) – todos os participantes do comércio eletrônico são empresas ou outros tipos de organização; como trabalham com grande volume de comercializações – com múltiplos itens – e precisam de agilidade nessas trocas, as organizações respondem pela maior parte das transações realizadas no comércio eletrônico;
- *business-to-consumer* (B2C) – essa categoria envolve as relações entre as empresas e seus consumidores, principalmente as transações que ocorrem no varejo, no atendimento ao consumidor final. Por exemplo, o comprador da Submarino resolve comprar uma passagem aérea ou um utensílio para residência;
- *consumer-to-business* (C2B) – essa categoria envolve consumidor e empresa, ou seja, indivíduos que utilizam a internet para vender produtos ou serviços para as organizações. No Brasil, há o Mercado Livre, que é um tipo de site no formato "classificados": o consumidor faz sua oferta e muitas empresas acabam adquirindo produtos;
- *consumer-to-consumer* (C2C) – é uma relação entre consumidores que vendem diretamente uns para os outros pela internet. Alguns vendem imóveis, outros vendem seus carros, e assim por diante;
- *business-to-governement* (B2G) – são as transações entre empresa e governo. Os exemplos comuns de B2G são as licitações entre órgãos do governo e fornecedores;
- *business-to-employee* (B2E) – são portais corporativos que atendem aos funcionários pela internet. Os empregados podem, por exemplo, pedir material para sua

área, gerir todos os seus benefícios ou até utilizar processos de gestão de funcionários – faltas, avaliações, inscrições em treinamentos etc.

Essas são as principais modalidades de comercialização, mas existem muitas outras relações entre governo, cidadão, comércio colaborativo e comércio móvel (*mobile commerce* ou *m-commerce*).

> **CONCEITO-CHAVE**
>
> As vendas realizadas por dispositivos móveis, o mobile commerce ou comércio móvel (m--commerce) também estão crescendo consideravelmente.

Alguns dos dispositivos móveis encontrados atualmente são: telefones celulares, *pagers*, PDAs, computadores de bordo automotivo e *handheld*. Entre eles, o celular foi o que mais recebeu investimentos e é o mais utilizado pelos consumidores.

O celular tem sido o dispositivo com maior crescimento em utilização e quantidade de usuários; a grande maioria de consumidores mantém seu aparelho ao alcance da mão por quase 24 horas por dia, devido às suas múltiplas utilidades.

> **COMENTÁRIO**
>
> A internet avança, e o número de internautas, e de aprimoramentos tecnológicos, aumenta cada vez mais; entretanto ainda existem problemas que afetam as vendas e o crescimento do comércio eletrônico no Brasil.
> As principais barreiras estão relacionadas à deficiência na infraestrutura de telecomunicações, ao desnível econômico, às diferenças culturais, à baixa renda *per capita*, baixo nível de escolaridade, pouca utilização dos cartões de crédito, custos dos equipamentos de informática, insegurança decorrente da falta de legislação específica sobre o assunto ou punições efetivas por desrespeito ao consumidor e ao fato de boa parte da população brasileira ainda ser excluída digitalmente.

Automação da força de vendas

A automação está em todo lugar e, cada vez mais, toma espaço nas empresas. A automação é a aplicação de técnicas, *softwares* e equipamentos específicos em determinada máquina ou em um processo industrial, com o objetivo de aumentar sua eficiência, maximizar a produção e reduzir o consumo de recursos – tempo, dinheiro, pessoas e materiais.

As mudanças ocorridas com o advento da internet – ou seja, a revolução da tecnologia da informação – modificaram a maneira de comprar e vender, tanto no mundo físico quanto no virtual, pois os computadores ganharam muito mais importância no ramo dos negócios, em todos os segmentos de mercado.

> **EXEMPLO**
>
> Os vendedores visitam seus clientes e fazem as solicitações de pedidos eletronicamente e de forma imediata, no ponto de venda, para garantir a rapidez e o controle do atendimento ao cliente. Além disso, as pessoas estão conectadas o tempo todo, os aparelhos celulares recebem e respondem aos e-mails, enfim, o mundo tem atravessado esse momento de transformações que contam com a participação da automação dos sistemas.

As informações sobre vendas estão presentes no mundo dos negócios. Para muitas empresas, a automação das informações em vendas é uma prioridade, pois elas ganham tempo, economizam dinheiro, atendem melhor ao cliente, aumentam sua eficácia e produzem resultados muito melhores.

As principais tecnologias disponíveis para o desenvolvimento de soluções de gerenciamento de informações são: internet, telefonia fixa e móvel e microinformática.

A internet permite desenvolver soluções comerciais que utilizam dados, voz e imagem de uma forma interativa; logo, a possibilidade de influenciar a decisão dos compradores é muito grande, principalmente daqueles que estão nas fases de desconhecimento, conhecimento do produto ou serviço, consideração e escolha. Além disso, a internet permite uma ampla integração com outras tecnologias, como telefonia fixa e móvel, rádio, microinformática, *wireless* e gráfica, o que aumenta as possibilidades de negociação.

O sistema de automação de força de vendas deve abranger: controle de pedidos, gestão de contatos, configurações e informações sobre produtos, planejamento de visitas, produtividade pessoal, suporte ao cliente, acesso ao sistema de cobrança etc.

Os dispositivos móveis englobam *personal digital assistant* (PDA), aparelhos celulares, *smartphones* e computadores pessoais, que possibilitam o acesso imediato às informações. A cada dia, milhares de pessoas exercem suas funções em locais não tradicionais – executivos, vendedores e funcionários, em constantes deslocamentos entre fábricas, clientes, eventos e pessoas, levam consigo o trabalho em um *notebook* até para suas residências e trabalham no sistema *home office*.

A automação da força de vendas torna-se cada vez mais valorizada, pois o uso de uma tecnologia adequadamente formulada poderá levar a empresa ao topo do *ranking* da competição mercadológica, ou seja, haverá ganho de eficiência, maior mobilidade, rapidez nas decisões e agilidade nas entregas. A automação também fortalecerá o relacionamento com os clientes e aumentará seu índice de satisfação.

Gestão do relacionamento com o cliente (CRM)

A Gestão do relacionamento com o cliente (*customer relationship management* ou CRM) é uma ferramenta criada para definir toda uma classe de ferramentas que automatizam as funções de contato com o cliente.

Essas ferramentas compreendem sistemas informatizados e, principalmente, uma mudança na cultura corporativa para ajudar as empresas a:
- criar e manter um bom relacionamento com seus clientes;
- armazenar e inter-relacionar, de forma inteligente, informações sobre suas atividades e interações com a área de vendas.

Os softwares que auxiliam e apoiam essa gestão são, normalmente, denominados *sistemas de CRM*.

As plataformas de gestão do relacionamento com o cliente se baseiam em processos centrados no cliente e envolvem toda a empresa. O importante desse sistema é utilizar as informações relacionadas ao cliente e integrar as áreas de marketing, vendas e serviços, a fim de criar valor para o cliente.

Na implantação desse sistema, a tecnologia é muito importante, mas não é suficiente, pois é necessário um conjunto de ferramentas de apoio, como telemarketing, canais virtuais de relacionamento, terminais nos pontos de venda etc.

Alguns fundamentos da CRM descrevem um modelo de quatro etapas para o marketing "um para um", que pode ser adaptado ao marketing CRM da seguinte forma:
- identificar clientes atuais e potenciais – não se deve ir atrás de todos os clientes; deve-se construir, manter e pesquisar um banco de dados dos clientes, com informações advindas de todos os canais e pontos de contato com eles;
- diferenciar os clientes em suas necessidades e seu valor para a empresa – deve-se priorizar o relacionamento com os clientes mais valiosos, o que pode ser feito ao se calcular o valor do cliente ao longo de um período. Para tanto, basta estimar as possibilidades de receita com as vendas para os clientes, subtrair os custos e os investimentos feitos para a realização dessas vendas;
- interagir com os clientes individualmente – deve-se ter um bom conhecimento sobre as necessidades de cada cliente e construir relacionamentos mais sólidos com eles. Para isso, é preciso desenvolver ofertas específicas e personalizadas para cada um e fazer um trabalho direcionado a esses clientes;

- customizar produtos, serviços e mensagens para cada cliente – deve-se usar os pontos de contato e o site da empresa para facilitar a interação com os clientes.

Uma boa gestão de vendas, atrelada a um sistema eficiente de informações com todos os dados dos clientes, aumenta o valor da base de clientes e possibilita a elaboração de novas estratégias:
- reduzir o índice de perda de clientes – algumas empresas conseguem atrair clientes com seu compromisso de comercializar produtos com qualidade superior aos dos seus concorrentes. Nesse caso, é fundamental ter funcionários preparados para contornar todo tipo de insatisfação dos clientes, resolver imediatamente seus problemas, esclarecer suas dúvidas e prestar informações sobre os produtos ou serviços, a fim de evitar a perda de clientes por falta de atenção adequada;
- aumentar a longevidade do relacionamento com o cliente – quanto maior o envolvimento de um cliente com a empresa, maior a possibilidade de que ele se mantenha fiel ao fornecimento de produtos ou serviços;
- aumentar a participação das despesas correntes de cada cliente por meio de participação na carteira do cliente – essa é a estratégia de venda adicional ao produto principal – e aumentar a receita da empresa. Por exemplo, na aquisição de um veículo (produto principal) o vendedor deve ter habilidade para vender todos os demais produtos acessórios – tapetes, seguro do veículo, aparelhos de som, sensor de ré, *global positioning system* (GPS) etc.;
- aumentar a lucratividade de clientes pouco lucrativos ou dispensá-los – para não dispensar um cliente não lucrativo, é possível fazer com que ele compre mais vezes ou compre quantidades maiores;
- concentrar esforços em clientes de alto valor – os clientes mais valiosos devem receber tratamento especial, pequenos agrados, como cartões de natal, convites para eventos corporativos, feiras, simpósios, exposições etc.

A tecnologia CRM pode ajudar a aumentar as vendas; analisar os dados sobre a receita e os custos com o cliente, para separar os clientes de alto valor dos demais; capturar dados sobre o comportamento de produtos e serviços; desenvolver novos modelos de determinação de preço; fornecer informações aos vendedores; disseminar informações da gestão do conhecimento; monitorar os índices de perda e retenção de clientes e os índices de satisfação do cliente pelo atendimento recebido.

Marketing internacional

A grande tendência, após a globalização, é que as empresas expandam o marketing internacionalmente e que as vendas acompanhem esse mesmo ritmo.

Algumas empresas já realizam marketing internacional há muitas décadas – Nestlé, Shell, Bayer, Toshiba etc. –, pois seus consumidores estão espalhados por vários países no mundo inteiro. Porém, a competição global está se intensificando graças à abertura das barreiras econômicas, à queda dos monopólios, à diminuição do protecionismo e ao advento da internet.

No Brasil, pode-se perceber a presença do marketing nas vendas de produtos japoneses, alemães, suecos e coreanos.

> **CONCEITO-CHAVE**
>
> Em alguns segmentos de mercado, os concorrentes atuam de maneira global, ou seja, em mais de um país, e geralmente conseguem custos de aquisição de seus produtos que lhe conferem vantagens de vendas, produção, financeiras, recursos humanos, logística e marketing, além de uma credibilidade que não está ao alcance das empresas que atuam somente de maneira local.

> **EXEMPLO**
>
> Essas empresas multinacionais planejam, operam e coordenam suas atividades em nível mundial. A Apple, sediada nos Estados Unidos, atua no segmento de computadores e telefonia e pode criar ações de marketing para o mundo inteiro.

A maioria das empresas precisa vender para outros países onde a competição seja menor ou que tenham alta demanda dos produtos e paguem um valor acima do pago pelo mercado brasileiro. Os principais fatores que estão estimulando as empresas às vendas internacionais são:

- a necessidade de uma base de clientes maior para atingir economias de escala;
- a necessidade de ser menos dependente de um único mercado;
- o desejo de contra-atacar os concorrentes em seus mercados internos: empresas globais que ofereçam produtos melhores ou preços mais baixos podem atacar o mercado nacional;
- a necessidade de atender aos clientes que estão viajando para fora do país e exigem atendimento internacional;
- a facilidade de comprar matéria-prima nesses mesmos países em que a empresa vende produtos industrializados.

Obviamente, a decisão de ingressar no mercado internacional envolve algumas preocupações e riscos:

- a empresa pode não compreender as preferências dos clientes estrangeiros e não atender às suas expectativas;
- a empresa pode não compreender a cultura empresarial do país e suas regras de negócios, o que significa não saber lidar com seus habitantes;
- a empresa pode subestimar as normas estrangeiras e incorrer em custos inesperados;
- o país pode mudar as leis comerciais, desvalorizar sua moeda ou passar por uma revolução política e desapropriar bens estrangeiros.

Devido às vantagens conquistadas no mercado nacional e aos riscos conflitantes, muitas vezes as empresas não tomam nenhuma atitude até que algum fato as empurre para o mercado internacional. Um exportador local, um importador estrangeiro ou um governo estrangeiro, por exemplo, podem pedir para a empresa vender no exterior, ou então ela tem uma produção excedente e precisa encontrar outros mercados para seus produtos.

O Brasil garante isenção de impostos referentes à exportação porque tem interesse no equilíbrio da balança comercial.

Ao decidir ingressar no mercado internacional, a empresa precisa definir seus objetivos e políticas de marketing. Que porcentagem do total de suas vendas será comercializada no mercado internacional? As empresas, em geral, vão depositando uma parcela maior de confiança nas negociações. É importante que a empresa tenha alguns critérios relacionados à estratégia para se estabelecer nos países. Será preciso, por exemplo, verificar se:

- os custos de entrada no mercado e de controle de mercado são altos;
- os custos de adaptação da produção e da comunicação são elevados;
- o tamanho e o crescimento da população e da renda são altos nos países escolhidos;
- empresas estrangeiras dominantes podem estabelecer barreiras à entrada.

A empresa deve decidir em quantos países vai penetrar, com que velocidade pretende se estabelecer nesse novo mercado e os tipos de países a considerar, pois a geografia, o produto, a renda, a população, os concorrentes e o clima político, entre outros fatores, influenciam a atratividade do empreendimento.

Uma das melhores maneiras de iniciar suas atividades no exterior é por meio de feiras de negócios. Com a internet, pode nem ser tão necessário expor os produtos fisicamente; a comunicação eletrônica via web está ampliando o alcance das empresas para mercados do mundo todo.

E-commerce

Visão geral do comércio eletrônico

O comércio eletrônico engloba todos os processos comerciais realizados por meio de redes de computadores: a venda de produtos pela internet, a troca eletrônica de informações entre grandes empresas pelo *electronic data interchange* (EDI), as transferências bancárias, a utilização de celulares conectados à internet, ou seja, é o conjunto de transações efetuadas pela internet para atender, direta ou indiretamente, a clientes com as facilidades dessa tecnologia.

Outros conceitos relacionados ao comércio eletrônico são:

- *e-procurement* – compra de suprimentos pela internet, com uso de recursos para obtenção de melhores preços, logística etc.;
- *e-publishing* – comércio eletrônico de bens e serviços digitais voltados para o consumo, como *e-books*, filmes, sons etc.;
- *e-services* – comércio eletrônico de serviços, como bancos, turismo, recrutamento etc.

Gerar vendas pela internet não é tarefa fácil; muitos consumidores ainda desconfiam de fraudes e preocupam-se com a intangibilidade do meio de compras, pois não tocam fisicamente o produto.

Os consumidores devem se beneficiar das compras pelo comércio eletrônico para que consigam abandonar o jeito tradicional de comprar diretamente nas lojas. A estratégia deve ser definida para facilitar os negócios desses clientes com a empresa e o atendimento de suas necessidades.

Vantagens oferecidas pelo comércio eletrônico

O comércio eletrônico reúne muitas vantagens e ajudou muitas empresas a aumentarem suas vendas. A natureza global da tecnologia, a oportunidade de atingir milhões de pessoas, sua característica interativa, suas diferentes possibilidades de utilização, os recursos e a infraestrutura (suporte), especialmente da web, resultam em muitos benefícios para as empresas, os indivíduos e a sociedade.

As lojas virtuais podem ser acessadas de qualquer lugar do mundo e estão abertas 24 horas por dia; funcionam como uma espécie de estoque central, e, muitas vezes, produtos que não são encontrados nas lojas físicas estão disponíveis nas virtuais.

Para "abrir" uma loja virtual não é necessário alugar uma loja física, com custos elevados, nem investir em decoração, vitrines e segurança. As mercadorias são disponibilizadas na internet e ficam armazenadas no centro de distribuição da empresa; portanto, o atendimento é baseado na logística. Nessas lojas, existe:

- grande facilidade no processamento de dados;
- rapidez na atualização de preços;
- agilidade na divulgação de novos produtos;
- facilidade de contato com fornecedores para reabastecimento de estoque;
- maiores opções de pagamento para os clientes;
- armazenamento de informações sobre o perfil e os hábitos do comprador;
- menores custos com toda a estrutura de suporte à área de vendas;
- relatórios sobre os produtos mais vistos ou as áreas mais navegadas.

Os benefícios do comércio eletrônico para as organizações englobam facilidade em expandir o mercado, maior visibilidade para a empresa com um investimento mínimo de capital, maior número de clientes e aumento significativo nas vendas. Além disso, o comércio eletrônico proporciona redução de custos de impressão – papel, tinta –, manutenção, energia elétrica etc., de despesas telefônicas e de tempo dos seus funcionários.

Outros benefícios para as empresas são: uma imagem corporativa melhor, processos comerciais simplificados, redução do intervalo entre a concepção de uma ideia e sua execução, aumento de produtividade, ampliação do acesso à informação e maior flexibilidade.

Os consumidores também conseguem obter ganhos relevantes com o comércio eletrônico, e os principais são: a conveniência das compras e das entregas, a velocidade, na maioria dos casos, e o custo. Alguns consumidores também gostam de participar de leilões on-line, em que são vendidos, para colecionadores, carros antigos, camisetas autografadas por artistas etc.

Requisitos para a criação do site

Antes de tudo, a internet é um canal de relacionamento, de comunicação entre pessoas e empresas. Uma empresa pode mostrar uma imagem de impacto para os mercados nacional e internacional simultaneamente; por outro lado, pode expor uma imagem inadequada do negócio se não souber utilizar, apropriadamente, as ferramentas disponíveis.

Ao implantar o site, ou loja virtual, a empresa deve ter cuidado para não perder o foco, ou seja, *que clientes deseja atingir, que serviços pode oferecer, quais os seus diferen-*

ciais de mercado, que novos relacionamentos pode construir e que parcerias estratégicas serão necessárias.

Um dos primeiros passos para a criação desse site ou loja virtual é a elaboração de um plano de negócios que avalie as expectativas com as receitas adicionais provenientes da visibilidade maior (e melhor) da empresa, o custo do investimento inicial e as despesas mensais de atualização do site com o provedor.

> **CONCEITO-CHAVE**
>
> A loja virtual é o site de uma empresa. Por meio dele, são vendidos os produtos ou serviços oferecidos pela empresa considerada. Pode pertencer ao fabricante, ao distribuidor ou ao varejista.
> O Decreto nº 7.962, publicado em 15 de março de 2013, obriga a loja virtual a fornecer, em local de destaque e de fácil visualização, nome e número do CNPJ da empresa, endereço físico e eletrônico, contrato de compra, além de um canal de atendimento válido para o consumidor.

Uma loja virtual requer vários mecanismos para que a venda seja efetuada. Os recursos mais comuns são:

- catálogos com a relação de todos os produtos, suas características e respectivos preços;
- uma ferramenta que facilite a busca no site;
- uma "cesta de compras", na qual os compradores possam deixar temporariamente os itens até que tenham escolhido todos os produtos e queiram realizar o pagamento;
- uma solução de pagamento para a transferência monetária à vista, parcelada, no boleto bancário, em cartões de débito ou crédito;
- uma área de logística para gerenciar a entrega dos produtos adquiridos;
- serviço de atendimento ao consumidor, para esclarecer as possíveis dúvidas do cliente ou ouvir suas insatisfações ou reclamações.

Além da opção de comprar em lojas virtuais específicas, os consumidores podem procurar o que desejam em shoppings virtuais. Assim como na versão física, o shopping virtual é um site que agrega várias lojas.

> **EXEMPLO**
>
> Ao comprar um produto de informática, é possível comparar, no shopping virtual Boa Dica, os preços praticados em diferentes lojas virtuais.
> Há também shoppings virtuais que vendem apenas livros usados, como Traça e Estante Virtual.

Um site de comércio eletrônico permite que todos os produtos ou serviços à disposição para venda, seus preços e as condições de entrega sejam de fácil localização. O usuário deseja facilidade na navegação pelo site para que não desista de efetivar a compra.

A velocidade é um fator importante, e a empresa deve ter cuidado com imagens ou fotos que tornam o sistema mais lento. A página precisa ter uma boa apresentação e, ao mesmo tempo, funcionalidade.

Quando se menciona o aspecto da *segurança*, percebe-se que esse ainda é um dos grandes impedimentos das vendas pela internet, pois o comprador tem receio de que sua mercadoria não seja entregue ou de que seus dados bancários sejam expostos e ocorra fraude no cartão de crédito ou algum furto em sua conta bancária. O nível de segurança aumentou muito nos últimos anos, mas ainda é necessário modificar a percepção do consumidor nesse aspecto.

A empresa deve disponibilizar um horário para funcionamento do suporte às vendas, pois, caso o comprador tenha dificuldades para realizar todas as funcionalidades do sistema, poderá contar com a ajuda especializada de um consultor e esclarecer todas as suas dúvidas sobre os produtos, serviços e até sobre a navegação no site. No entanto, para que o atendimento seja completo, todos os sistemas da empresa devem estar integrados ao site.

As empresas tradicionais conseguem transportar sua credibilidade para o ambiente *on-line*, uma vez que, na internet, a marca é um dos motivadores para que o comprador se sinta confiante para fazer a compra.

A página e as ofertas devem ser atualizadas diariamente para que o consumidor perceba que existem pessoas trabalhando permanentemente para garantir a ele um suporte compatível com suas expectativas.

As lojas que apresentam algum diferencial no atendimento conseguem vender mais e obter vantagens na concorrência com outras empresas. Por exemplo, algumas lojas que fazem entregas em residências ou empresas isentam o consumidor do pagamento do frete nas compras acima de R$100,00.

Vendas e marketing de relacionamento

O conceito de marketing de relacionamento

O marketing de relacionamento surgiu nos anos 1990, devido à necessidade de reformulação da relação entre a empresa e o consumidor. Atualmente, seu objetivo principal é manter os clientes e, cada vez mais, desenvolver o relacionamento com eles, que dispõem de maior quantidade de informações sobre os produtos e estão conquistando uma posição privilegiada na relação com as empresas.

Marketing de relacionamento ou pós-marketing

- É o processo contínuo de busca de informações importantes junto aos usuários de um produto/serviço para identificar adaptações e melhorias que possam mantê-los satisfeitos e fiéis à empresa.

- Apresenta o conceito de intangibilidade de um produto ou serviço e trabalha bastante com a área subjetiva (emoções) da mente do consumidor, a fim de que este se torne fiel à marca.

Um projeto de marketing de relacionamento deve ser implantado com muita cautela e consistência para que a empresa não perca a credibilidade; ao decidir implantar esse projeto apoiadas em conceitos e práticas de gestão de relacionamento, as organizações precisam:

1. Elaborar uma visão em conjunto e desenvolver uma cultura empresarial que esteja voltada para clientes e parceiros; que busque excelência nos relacionamentos interno e externo.
2. Construir objetivos de marketing de relacionamento negociados e acompanhados por todos na organização.

3. Estabelecer com os clientes estratégias de marketing de relacionamento voltadas para a criação de valores. As trocas relacionais e as estratégias devem ser claras e focadas.
4. Implementar ações táticas com foco no relacionamento colaborativo com clientes.
5. Obter benefícios mútuos para que empresa e clientes tirem proveito da cooperação nos diferentes momentos em que estiverem em contato, pois a empresa entende melhor as necessidades do cliente que se prontifica a fornecer informações sobre seus produtos e serviços.
6. Orientar e capacitar os colaboradores para relacionamentos cooperativos, tendo em vista que colaboradores treinados, encorajados e motivados contribuem mais para geração de diferenciais competitivos no contato com o cliente.

O cliente passa a ser visto pela óptica de um relacionamento, cuja magia é encantá-lo. E, para isso, é necessário descobrir seus interesses, suas expectativas e motivações para permanecer como cliente da empresa.

O marketing é o processo de identificar, estabelecer, manter, aprimorar e, quando necessário, encerrar relacionamentos com clientes e outros interessados, de modo que os objetivos de todas as partes envolvidas sejam alcançados e isso seja feito por ofertas e cumprimento mútuo de promessas. Também se pode defini-lo como o ato de entender, criar e gerenciar a troca de relacionamentos comerciais entre parceiros econômicos, fabricantes, provedores de serviços, clientes em vários níveis do canal de marketing e do ambiente mais amplo de negócios e consumidores finais.

Um dos principais objetivos do marketing é desenvolver relacionamentos profundos e duradouros com todas as pessoas ou organizações que podem, direta ou indiretamente, afetar o sucesso das vendas da empresa.

O marketing de relacionamento procura construir relacionamentos mutuamente satisfatórios para clientes, fornecedores, distribuidores e outros parceiros estratégicos, a fim de conquistar e manter negócios com esses grupos de relacionamento.

> **CANAL DE MARKETING**
>
> Conjunto de organizações interdependentes, ligadas por seu ramo de atividades e que dependem umas das outras para disponibilizar seus produtos ou serviços para seus consumidores finais.

> **EXEMPLO**
>
> A NET, fundada em 1991, operadora de TV por assinatura, provedora de acesso à internet banda larga e fornecedora de serviços de telefonia, demonstra ser uma empresa moderna, ágil e com o objetivo de crescer de forma sustentável e segura. Antes de 2003, a empresa enfrentou uma crise financeira que a fez deixar de lado o esforço de vendas e o atendimento ao cliente; com isso, perdeu 7,5% dos assinantes. Naquele ano, a empresa retomou as campanhas publicitárias, mas não só: preocupada em atender melhor aos seus clientes, criou uma área de marketing de relacionamento com o objetivo de evitar desligamentos. As medidas conseguiram estancar a perda de assinantes do serviço de TV paga, aumentar o número de contratos em 1,7% naquele ano e reduzir em 6,3% a taxa de cancelamentos.
>
> Fonte: Pereira (2003).

O assunto *marketing direto* foi, durante muito tempo, considerado um programa de "envio de cartas pelo correio"; mais à frente, incluiu o telefone, nos projetos de telemarketing. Atualmente, a integração entre vendas e marketing de relacionamento pressupõe a utilização de moderna tecnologia e informatização para utilizar os dados dos compradores. Essa estratégia envolve cultivar o tipo certo de relacionamento com o grupo certo para construir a rede de marketing, que consiste na empresa e naqueles que a apoiam – clientes, funcionários, fornecedores, distribuidores, revendedores, agências de propaganda, acadêmicos etc. Trata-se de uma filosofia de trabalho cada vez mais comum nas empresas que se utilizam de sites sociais – Orkut, Facebook, LinkedIn, Twitter etc. – para gerar aumento de vendas e melhorar sua lucratividade.

Para desenvolver relacionamentos fortes, é preciso compreender as capacidades e os recursos dos diferentes grupos, assim como entender suas necessidades, metas e desejos. Um número crescente de empresas está moldando ofertas, mensagens e serviços específicos para clientes individuais. Essas empresas:

- formam um banco de dados com históricos de compras dos clientes, informações demográficas, preferências de comunicação e distribuição;
- esperam, com isso, atingir um crescimento lucrativo ao capturar uma porção maior dos gastos de cada cliente;
- para tanto, conquistam a fidelidade do cliente e mantêm o foco no valor que ele terá ao longo da vida.

A prática do marketing "um para um" (*one to one*) não é para qualquer empresa, pois o investimento para coletar essas informações sobre os clientes, em *hardware* e em *software*, pode superar os benefícios das vendas.

O vendedor que trabalha com clientes-chave deve fazer mais do que lhes telefonar quando achar que está na época dos pedidos de compra. Deve visitá-los em outros momentos, convidá-los para almoços ou jantares e fazer sugestões para outras áreas da empresa, além de monitorá-los, conhecer seus problemas e estar pronto para servir-lhes de diversas maneiras.

A área de vendas deve criar oportunidades para fidelizar o cliente e isso pode ser feito com foco no relacionamento, evitando o foco na transação.

QUADRO COMPARATIVO ENTRE FOCO NA TRANSAÇÃO E FOCO NO RELACIONAMENTO

Foco na transação	Foco no relacionamento
Orientação para vendas únicas	Orientação para retenção do cliente
Contato descontínuo com o comprador	Contrato contínuo com o comprador
Foco nas características do produto	Foco nos benefícios do produto
Relação de curto prazo	Relação de longo prazo
Pequena ênfase em serviços ao cliente	Grande ênfase em serviços ao cliente
Qualidade é preocupação de alguns	Qualidade é preocupação de todos

Quando um programa de relacionamento é adequadamente implantado, a organização começa a focalizar tanto a gestão de clientes quanto a de seus produtos, e os resultados são significativos.

Marketing direto na era digital

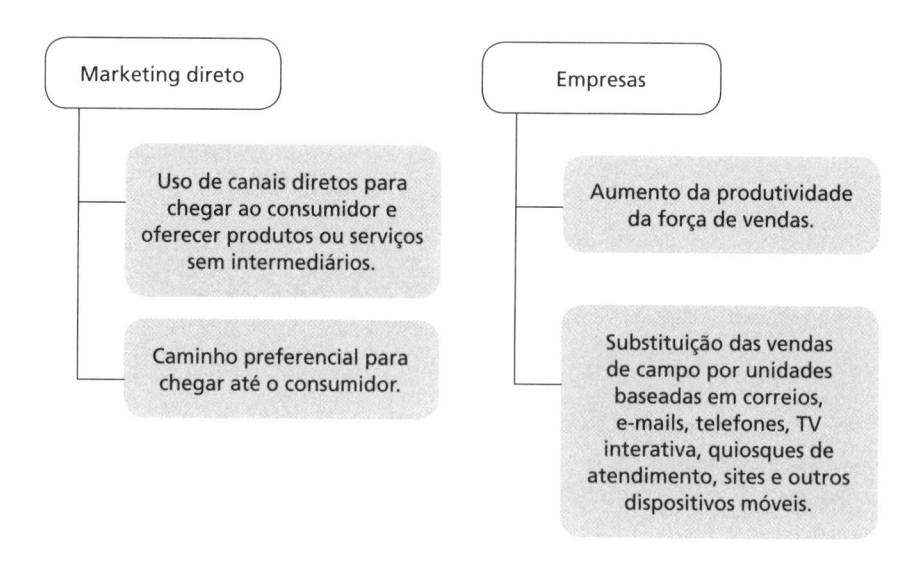

Marketing direto
- Uso de canais diretos para chegar ao consumidor e oferecer produtos ou serviços sem intermediários.
- Caminho preferencial para chegar até o consumidor.

Empresas
- Aumento da produtividade da força de vendas.
- Substituição das vendas de campo por unidades baseadas em correios, e-mails, telefones, TV interativa, quiosques de atendimento, sites e outros dispositivos móveis.

O marketing direto também pode ser considerado o processo pelo qual:

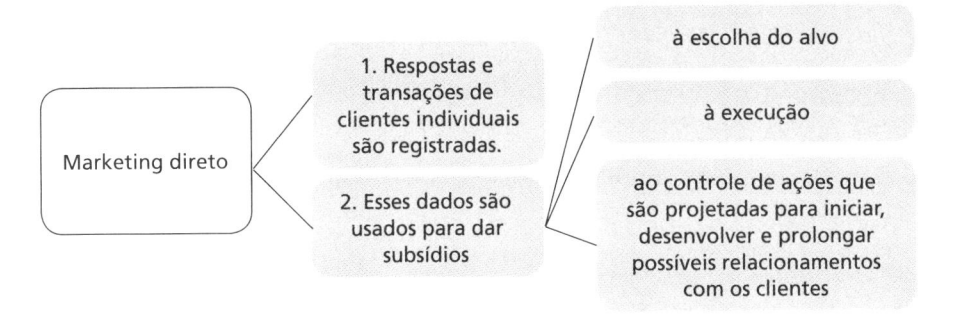

- **Marketing direto**
  1. Respostas e transações de clientes individuais são registradas.
  2. Esses dados são usados para dar subsídios
  - à escolha do alvo
  - à execução
  - ao controle de ações que são projetadas para iniciar, desenvolver e prolongar possíveis relacionamentos com os clientes

O marketing direto, em seus diferentes tipos – mala direta, telemarketing e marketing pela internet –, apresenta-se:

- personalizado – a mensagem pode ser preparada para atrair a pessoa a quem é endereçada. A Dell Computadores é um bom exemplo de sucesso nessa personalização, pois o comprador pode configurar seus computadores – memória, capacidade do processador, *hard disk*, tamanho da tela etc.;
- atualizado – a mensagem pode ser preparada rapidamente e as páginas de oferta podem ser atualizadas diariamente, se possível várias vezes durante o dia, com a oferta de "promoções-relâmpago". Isso é o que esperam os usuários ao acessar um site de comércio eletrônico. Por outras palavras, eles precisam notar que existem pessoas trabalhando durante todo o tempo para atendê-los da melhor maneira possível;
- interativo – a mensagem pode ser alterada, dependendo da resposta da pessoa. Se o pedido é feito on-line, o recebimento dos produtos ou serviços pode ser melhorado, o tempo de processamento da solicitação, reduzido, e os erros, corrigidos.

Marketing interativo é marketing direto pela nova mídia. A intenção do marketing direto sempre foi a interação, pelo menos a solicitação e o recebimento de consultas e pedidos pelo correio e o atendimento dessas requisições.

Os altos custos de transporte, os congestionamentos, os problemas de estacionamento, a falta de tempo, a falta de atendimento adequado na venda a varejo e as filas nos caixas incentivam a compra feita em casa.

O serviço de atendimento ao consumidor pode ser bastante ampliado ao permitir que os clientes encontrem informações detalhadas on-line. A FedEx e outras empresas de entrega, por exemplo, permitem aos clientes acompanhar o caminho de suas encomendas; além disso, agentes inteligentes de *software* podem responder rapidamente aos e-mails que contenham perguntas comuns.

O marketing direto passou a significar muito mais do que apenas vender diretamente. Na prática, qualquer empresa que usar propaganda de resposta direta (on-line e off-line) e mantiver um banco de dados de clientes estará usando o marketing direto.

Os benefícios do marketing direto

O marketing direto tem muitas vantagens para o cliente e para o fornecedor. A compra em casa garante maior comodidade e praticidade, economiza tempo, apresenta maior variedade de produtos, facilita a rápida comparação de preços entre os concorrentes e dá espaço à opinião de familiares ou amigos.

O crescimento das vendas por meio do marketing direto foi facilitado porque as vendas em massa, em grandes quantidades, foram substituídas por um atendimento mais individualizado, e isso acabou por revelar nichos de mercado com preferências distintas dos consumidores.

Os custos das compras em casa são menores porque as despesas das lojas também o são com equipe de vendas, aluguel do imóvel etc. Além disso, os clientes não ficam restritos ao estoque de uma única loja, já que, na maioria das vezes, podem contar com a disponibilidade de mercadorias em toda a rede de lojas da empresa, cujos produtos são originados do estoque central.

As empresas são beneficiadas porque clientes, como os portadores de necessidades especiais, que antes não conseguiam ter acesso aos seus pontos de vendas, já começam a escolher os produtos de sua preferência e a comprá-los.

Os profissionais de marketing direto conseguem formar uma lista de mala direta com nomes de diferentes grupos – clientes obesos, deficientes físicos, estudantes, médicos, milionários –, o que lhes permite direcionar suas mensagens para um público específico, construir uma relação duradoura e contínua com seus clientes e oferecer-lhes somente itens de seu interesse.

O marketing direto pode ser sincronizado para atingir os clientes potenciais no momento certo, o que resulta em maior eficiência, visto que a divulgação é direcionada aos interessados. Adicionalmente, os profissionais de marketing têm maior facilidade em medir os resultados de seus investimentos nas campanhas para captação de clientes.

As empresas que praticam o marketing direto, bem como seus clientes, costumam se beneficiar de relacionamentos mutuamente compensadores. Às vezes, contudo, podem surgir pontos negativos:

- irritação – alguns potenciais clientes se irritam com os frequentes contatos da equipe de

marketing direto, principalmente quando não têm nenhum interesse no produto e já expressaram esse fato em contatos anteriores;
- injustiça – alguns consumidores possuem baixa resistência às propagandas e, muitas vezes, compram produtos de que não necessitam porque acabam se envolvendo com as estratégias de convencimento dos vendedores, as propagandas na TV ou as ilusórias reduções de preço;
- engodo e fraude – alguns anúncios têm o único propósito de iludir os clientes e acabam aumentando ou diminuindo as dimensões do produto, fazem simulações ou demonstrações para "comprovar" desempenho acima do real, valorizam o preço e, em seguida, concedem descontos enormes;
- invasão de privacidade – em geral, os consumidores são invadidos em sua privacidade, compram um produto ou serviço e seus dados são utilizados para obter vantagem indevida. Por exemplo, um cliente que tenha feito a assinatura de determinada revista pode receber um contato para aquisição de um cartão de crédito ou uma assinatura de TV a cabo.

O número de processos por causa desse tipo de problema tem crescido gradativamente no Brasil, pois os clientes estão mais conscientes de seus direitos e, consequentemente, mais exigentes.

Marketing viral

Conceito de marketing viral

O nome *marketing viral* foi escolhido para indicar a forma como um vírus pode rapidamente se multiplicar dentro de uma célula. Esse crescimento rápido é o objetivo principal do marketing viral ou *buzz marketing*.

O termo *buzz*, traduzido para o português, pode significar *bochicho*, *murmúrio*, *sussurro* ou *cochicho*; combinado com a palavra marketing, sua forma literal seria marketing do bochicho.

A melhor forma de se difundirem novas ideias é pela propaganda "boca a boca". Por meio de promoções e incentivos ao usuário, esse pode indicar amigos para visitar o site e, junto com os indicados, concorrer a prêmios ou benefícios, como livros, camisetas, CDs etc.

As técnicas de marketing que induzem websites ou usuários da internet a passar adiante uma mensagem de marketing para outros usuários criam um exponencial crescimento da mensagem, com processos similares à extensão de uma epidemia. Isso tem ocorrido com grande frequência em sites muito interessantes ou que apresentam produtos com redução de preço.

> **EXEMPLO**
> A marca Coca-Cola é famosa por lançar ações de marketing viral, exclusivamente para internet. Já fez uma ação nas Filipinas com a máquina de felicidade que teve mais de 3 milhões de visualizações.
> A última ação viral da Coca-Cola foi feita no Rio de Janeiro. O caminhão tem um botão que, ao ser apertado, dispensa Coca-Cola, bolas, cadeiras de praia, brinquedos, óculos de sol, prancha de surfe etc.

Os profissionais de marketing que trabalham com a internet estão usando o marketing viral como uma forma de "boca a boca" a fim de atrair atenção para seus sites, uma vez que ele envolve a transmissão de produtos e serviços da empresa – ou informações sobre esta – de um usuário para outros.

Comparada a uma propaganda direta de qualquer empresa, uma mensagem ou recomendação vinda de uma pessoa conhecida tem muito mais credibilidade e valor. O maior desafio de uma boa ação de marketing viral é trabalhar, com criatividade e foco, uma mensagem que seja suficientemente boa para espalhar-se por conta própria pela web.

As ações de marketing viral, em geral, utilizam a mídia social como meta primária, ou seja, buscam pessoas dentro de sites de relacionamento e *blogs*, por exemplo, para que estas disseminem o "vírus".

Para construir um plano baseado no marketing viral, o ideal é seguir o passo a passo:

1. Analisar o mercado, a concorrência e o site do produto/serviço, quando for o caso.
2. Definir o público-alvo e os possíveis disseminadores da ação de marketing viral.
3. Criar o plano tático da ação de marketing viral e todas as peças de comunicação envolvidas na campanha.
4. Executar a ação.
5. Acompanhar os resultados da campanha e realizar os ajustes necessários.

É importante ter cuidado com algumas questões relativas ao marketing viral porque ele se baseia na divulgação entre amigos, parentes, conhecidos, e existe alguma relação de credibilidade entre o emissor e o receptor da mensagem. Quando uma mensagem é enviada por um desconhecido, pode gerar incômodo ao consumidor e ser classificada como *spam*, ofensa ou invasão de privacidade. É certo que ninguém quer ser incomodado; assim, o bom senso deve ser utilizado para que a imagem da empresa – ou dos objetivos desta – não seja distorcida.

Pode-se concluir que o marketing viral atua de forma estratégica para capturar a atenção dos potenciais consumidores e, ao mesmo tempo, transforma-os em agentes multiplicadores da mensagem, pois cada receptor se torna um emissor e passa a influenciar sua rede de convivência social.

Referências

CAREY, James F. *Complete guide to sales force compensation*: how to plan salaries, commissions, bonuses, quotas – everything needed to achieve top sales results. Chicago: Business One Irwin, 1992.

CARNEGIE, Dale; CROM, J. Oliver; CROM, Michael. *Alta performance em vendas*: como fazer amigos & influenciar clientes para aumentar suas vendas. 2. ed. Trad. Orlando Bandeira. Rio de Janeiro: Best Seller, 2007.

CASTRO, Juliana. Celebridades influenciam 33% das intenções de compra da baixa renda. *Exame.com,* 4 fev. 2011. Disponível em: <http://exame.abril.com.br/marketing/noticias/celebridades-influenciam-33-das-intencoes-de-compra-da-baixa-renda>. Acesso em: fev. 2011.

COBRA, Marcos. *Administração de vendas*: casos, exercícios e estratégias. São Paulo: Atlas, 1986.

_____. *Vendas*: como ampliar seu negócio. 3. ed. ilust. São Paulo: Marcos Cobra, 2001.

GUNDLACH, Gregory T. The American Marketing Association's 2004 definition of marketing: perspectives on its implications for scholarship and the role and responsibility of marketing in society. *Journal of Public Policy & Marketing*, v. 26, n. 2, p. 243-250, outono 2007.

KOTLER, Philip. *Administração de marketing*: análise, planejamento, implementação e controle. 5. ed. São Paulo: Atlas, 1998.

_____. *Administração de marketing*. 10. ed. São Paulo: Prentice Hall, 2000.

LAS CASAS, Alexandre Luzzi. *Administração de vendas*. 8. ed. São Paulo: Atlas, 2006.

LÁZARO, Evair. Como vender mais e melhor. *Pequenas empresas, grandes negócios*, São Paulo, n. 176, p. 56, set. 2003.

MARTINS, Carlos Alberto; SCHVARTZER, Arnaldo; RIBEIRO, P. H. A. do Couto. *Técnicas de vendas*. Rio de Janeiro: FGV, 2009.

MEGIDO, José Luiz Tejon; SZULCSEWSKI, Charles John. *Administração estratégica de vendas e canais de distribuição*. São Paulo: Atlas, 2002.

PEREIRA, Eliane. Reestruturação Net: Net volta com todo o gás. *Observatório da Imprensa*, 25 nov. 2003. Disponível em: <http://observatoriodaimprensa.com.br/news/showNews/asp2511200397.htm>. Acesso em: 5 fev. 2014.24/11/2003. Copyright *Meio e Mensagem* 24 nov. 2003

SAMARA, Beatriz Santos; MORSCH, Marco Aurélio. *Comportamento do consumidor*: conceitos e casos. São Paulo: Prentice Hall, 2005.

STANTON, W. J.; SPIRO, R. *Administração de vendas*. 10. ed. Trad. Dalton Conde de Alencar. Rio de Janeiro: LTC, 2000.

STROH, Thomas F. *Managing the sales function*. EUA: McGraw-Hill, 1978. 480 p. Series in Marketing.

TEIXEIRA, Elson Adalberto et al. *Gestão de vendas*. Rio de Janeiro: FGV, 2004.

Sobre o autor

Marcelo Nascimento Boechat é mestre executivo pela FGV/Ebape, administrador formado pela UFRRJ e cursou MBA em Gestão Empresarial pela FGV. É professor nos cursos do FGV Online, na Escola Superior de Propaganda e Marketing, no MBA da Universidade Corporativa Petrobras, no Senac e em outros centros universitários. Atuou por oito anos nas Lojas Americanas e mais de 14 anos na área de saúde. Hoje, atua em projetos de consultoria em organizações privadas.

Impressão e acabamento:

Grupo SmartPrinter
Soluções em impressão